SERENO LE CACHALOT

Avec le regard et les conseils scientifiques
de François Sarano.

Une collection imaginée par Sophie Giraud.

hélium remercie Stéphane Durand, pour
son enthousiasme communicatif, et Aimée
Lombard, qui a contribué à donner forme à
la collection avant de partir à l'aventure.

Conception graphique et réalisation
de la couverture : Elena Baudier-Melon

Loi n° 49 956 du 16 juillet 1949
sur les publications destinées à la jeunesse,
modifiée par la loi n°2011-525 du 17 mai 2011
helium-editions.fr
No d'édition : FI 297
ISBN : 978-2-330-17507-8
Dépôt légal : premier semestre 2023

SUR LES TRACES

SERENO LE CACHALOT

Gwenaël David

illustrations de Léa Roch

hélium

1

La plage

Le sable chaud brûle la plante des pieds. Louise évite les zones trop exposées et sautille d'ombre en ombre, jusqu'à l'océan. À sa vue, elle se fend d'un irrépressible sourire et accélère le pas. C'est un pur cliché : la plage est douce, sa belle robe sable invite à y enfouir les orteils. L'eau qui s'échoue à intervalles réguliers décalque la couleur du ciel en de subtiles transparences. Le bleu forcit rapidement vers l'horizon, et finit par se perdre dans le ciel.

— Louise ! Louise ! Amène-toi !

Elle tourne la tête et aperçoit Rima qui s'amuse dans l'eau. Son sourire s'élargit encore devant son amie déchaînée, qui frappe la surface en générant des éclaboussures dignes d'un cyclone de catégorie trois. Elle approche en trottinant.

— Tu es réveillée depuis longtemps ?

— Je n'ai pas trop dormi, je ne voulais pas rater le lever du jour !

— Elle est bonne ?

Rima s'esclaffe nerveusement.

— Carrément ! J'avais oublié que la mer, c'était si cool !

Elle s'élance vers le ciel et retombe lourdement dans l'eau, hilare au milieu de l'écume.

— Viens, c'est trop chouette ! Je vais rester là-dedans pendant les quinze jours de vacances !

— Tu vas te transformer en méduse !

Louise recule, remonte de quelques mètres et dépose son pagne et sa serviette sur le sable. Elle réajuste son maillot et rejoint Rima. Si cette dernière découvre l'océan Indien, depuis cette île nichée au cœur des Mascareignes*, Louise a quant à elle déjà foulé cette plage. C'était il y a trois ans, lors de précédentes vacances. Ses parents avaient aimé le séjour et le site, touristique mais pas trop, tranquille mais ouvert sur le reste de l'île.

---

* Archipel situé dans l'océan Indien. Il comprend les îles de Maurice et de la Réunion, entre autres.

Les filles flottent dans l'eau salée, le corps sous la surface et la tête au-dessus, icebergs de douceur et de bien-être dans l'élément liquide.

— T'as vu Philippe ?

Rima tend le bras.

— Sa serviette est là-bas. Il est parti faire je ne sais quoi, il n'a pas voulu se baigner.

Rima, Philippe et Louise sont arrivés hier en bateau depuis Port-Louis, la capitale mauricienne où ils ont atterri après onze heures de vol. Inviter les deux amis de Louise n'était pas une évidence, mais quelques semaines de persévérance, voire de harcèlement, de promesses et de culpabilisations en tout genre ont eu raison des réticences parentales. Un tel voyage coûte très cher, alors les adultes se sont arrangés en fonction de leurs moyens. Les parents de Louise prennent en charge l'intégralité des vacances de Rima, et les parents de Rima invitent Louise en retour à un séjour prochain en Algérie – perspective qui réjouit les filles ! Les parents de Philippe ont payé les billets d'avion de leur fils, et les parents de Louise prennent à leur compte les frais des deux semaines sur place.

Les filles trempent et discutent, le plus sereinement du monde. Leurs corps tendus par les dernières semaines de cours se relâchent dans le liquide. Les os se libèrent des pressions du collège autant que de celles exercées par la pesanteur. Les chairs se décontractent, tiédeur bienvenue au cœur de leur hiver français. Leurs peaux se livrent au sel et au contact de l'eau.

Rima et Louise se déplacent en de légers rebonds sur le fond, plongent la tête puis la ressortent de l'eau, elles se renversent et font la planche, plus ou moins bien. C'est un moment hors de tout, si ce n'est dans les bras accueillants de l'océan, qui augure un merveilleux séjour.

— Philippe !

— Hé, Phil, viens te baigner !

Il s'approche du rivage.

— T'as pris ton carnet ?

— C'est beau ici, j'ai envie de dessiner.

Louise recrache l'eau qui gonfle ses joues et fronce les sourcils.

— Viens te baigner, Phil, tu dessineras après !

Il sourit.

— Tout à l'heure, promet-il.

Il enfonce ses orteils dans le sable et projette des grains humides sur ses amies. Elles s'offusquent en riant, ripostent à grandes brassées d'eau. Il se sauve, s'assied sur sa serviette et commence à croquer le paysage. Le calme revient et, avec lui, la douceur de cette première matinée.

Le déjeuner est suivi d'une pause digestive. Il fait chaud, le soleil tape, l'hydrocution est évoquée : le retour dans l'eau doit être différé, c'est un conseil parental. Et le trio respecte les conseils parentaux. Les filles aimeraient retourner dans l'eau mais il leur semble plus sage de suivre les recommandations, afin de se ménager le plus de liberté possible. Il s'agit de se faire oublier rapidement. De ne pas se faire remarquer. De donner des gages de confiance. Car Rima, Philippe et Louise sont en vacances… mais pas que. Oui, ils sont là pour se marrer, pour vivre l'océan, mais aussi pour quelque chose d'autre. Pour quelqu'un.

Tous les trois font partie d'un collectif de jeunes qui partagent en ligne leur désir de rencontrer les créatures non humaines peuplant encore la Terre. Ils échangent surtout sur leurs aventures, en cours ou futures, car de nombreux petits groupes essaiment ici et là sur la planète, avec pour but commun de donner corps à leurs rêves, à travers de fabuleuses rencontres. De côtoyer les mondes et les êtres vivants qui les habitent aussi, pour de vrai, au-delà des histoires lues, racontées, vues ou entendues. Cela fait des semaines que Louise, Rima et Philippe échangent sur leur réseau et espèrent : qui dit mer, qui dit océan Indien, dit baleines.

Mais en pensant « baleines », ils se sont aperçus qu'ils ne pensaient pas aux mêmes créatures. Louise pensait orque, Rima baleine à bosse et Philippe cachalot. Le groupe en ligne s'était alors emparé du sujet *Cétacés* pour une vive et joyeuse mise à plat : le respect élémentaire du vivant relève de la précision !

Échange après échange, lecture après lecture, le trio s'est accordé en admiration pour une baleine à dents des plus fameuses* et pourtant

---

* N'hésitez surtout pas à lire ou relire *Moby Dick*, de Hermann Melville.

méconnue : ces trois jeunes humains veulent ici rencontrer un grand cachalot.

À quinze heures, le soleil a quitté son zénith et les trois amis s'en retournent à la plage. Matériel de plongée en main, ils filent vers l'une des deux extrémités de la langue de sable, fermée par une bande rocheuse. Ils enfilent les palmes et règlent la sangle des masques. Philippe s'avance le premier mais, palmé, s'écroule au troisième pas. Il crée l'hilarité, et rechute en entrant dans l'eau, perturbé par le remous.

— Rassure-moi, tu le fais exprès ? demande Rima.

Il acquiesce d'un mouvement de tête et s'assied, les yeux perdus derrière la buée. Les filles le dépassent puis s'arrêtent. Louise enlève son masque et crache dedans, sous le regard dégoûté des deux autres. Elle frotte la vitre d'un doigt, histoire de tout bien étaler, savoure son effet et précise :

— C'est pour la buée. Si tu ne craches pas dedans, t'es embêté tout le temps.

Philippe grimace.

— C'est scientifique ton affaire?

Sans réponse, il avise Rima qui se racle laborieusement la gorge. Louise s'offusque.

— Faut pas non plus exagérer!

Rima crache lourdement et lustre l'intérieur de son masque avec application. Elle jette un œil à Philippe et se racle à nouveau la gorge.

— Tu veux que je le fasse pour toi?

Les filles rient devant sa mine écœurée en réajustant leur sangle. L'entrave des objets hors de l'eau devient libération sous la surface. Les premiers coups de palmes propulsent les corps dans le liquide. Chaque infime mouvement de hanches, jambes et chevilles unies dans un même battement génère un élan doux autant qu'efficace. Le masque ouvre une fenêtre sur cet autre monde et le tuba, s'il se signale par un léger inconfort au niveau de l'oreille ou des cheveux, fait oublier les angoisses liées à la respiration subaquatique.

Le trio serpente le long des rochers où il croise la petite faune, des oursins à piquants courts nichés dans les creux des rochers et ceux à longs dards posés çà et là sur le sable.

Philippe s'enthousiasme dans son tuba et les sons qui émanent du tuyau emplissent l'eau d'une sourde vibration. Plus loin, les premières patates* de corail apparaissent, havres pour les petits poissons colorés : des labres, des demoiselles, des blennies, des chirurgiens, des balistes

* Nom que l'on donne aux massifs de coraux qui vivent sur les bancs de sable, à l'intérieur du lagon.

et même quelques orphies qui fusent juste sous la surface.

De crevettes en gorgones, de porcelaines en oursins, de soles en anémones, de poissons-clowns en herbiers, le trio dérive par un ou deux mètres de fond. Des sons stridents résonnent bientôt. On dirait des scies mécaniques, des roulements de tondeuse, des pièces métalliques à l'aiguisage. Les premiers surprennent les nageurs qui échangent quelques regards interrogateurs. Un crissement plus appuyé que les autres les inquiète et Philippe sort la tête de l'eau. Il retire son masque et renoue avec le monde aérien. Quand les filles émergent à leur tour, il leur indique d'un doigt :

— Un jet-ski... Il y a aussi des bateaux à moteur qui circulent, là-bas.

— Une route... plaisante Rima. Bateau au lieu de voiture, jet-ski au lieu de moto...

Louise tourne la tête vers le large.

— Ils vont vers la passe*, pour entrer ou sortir du lagon.

---

* Ouverture dans la barrière de corail qui permet le passage du lagon vers le large.

— Ça doit être flippant par là-bas.

— Faudrait une bouée pour indiquer aux bateaux qu'on est là, ils foncent comme des imbéciles…

Rima perçoit son agacement.

— Ça va, Louise, on retourne en dessous, c'est plus cool !

Elle ne répond pas.

— Je ne vois plus la plage, dit soudain Philippe.

Rima et Louise scrutent la côte, sans plus de succès.

— On s'est drôlement éloignés, sans s'en rendre compte. On est passés dans l'autre anse… Allez, on rentre.

Ce disant, Louise réajuste son masque et replonge. Le retour du trio est tout aussi plaisant, malgré les dégradations : des déchets, des coraux morts, mais toujours assez de créatures lumineuses et sidérantes pour s'émerveiller.

Il est dix-sept heures lorsqu'ils sortent de l'eau, le visage marqué d'une ellipse rouge et les doigts fripés.

— Loulou, chérie !

Louise rejoint sa mère qui bronze, discute avec elle cinq minutes puis retrouve les autres.

— On prendra une bouée pour aller à la passe.

Philippe ouvre de grands yeux.

— On va aller à la passe ?

— Les cachalots vivent par mille mètres de fond, pas à deux mètres de profondeur…

Rima s'amuse de la moue de son ami, qui reprend :

— La passe est si profonde ?

— Nan, mais derrière il y a le large.

Louise se tourne vers lui et le pique du regard.

— T'as peur de l'eau, Phil ?

Il s'offusque mollement.

— Non mais sérieux, insiste-t-elle, si t'as peur, c'est pas grave. Seulement, pour rejoindre le monde des cachalots, va falloir plonger au large.

— On y va en bateau.

— Bien sûr, mais si on veut en rencontrer un, faut aller chez lui, sous l'eau. Pourquoi t'as rien dit quand on en parlait sur le réseau ?

— J'ai rien dit parce que je savais pas. Je suis un gars de la forêt, moi, pas de l'océan ! Mais t'inquiète, ça va venir, c'est juste que c'est trop bizarre comme monde !

Rima accélère et file vers le bungalow.

— Prem's à la douche !

POSTS

Vautrés sur les transats de bois de la paillote de l'hôtel, portables en main, les trois amis partagent leurs premières heures sur le groupe.

Rima : On est bien restés six heures dans l'eau, aujourd'hui !

Paul : Ça ne fera pas de vous des poissons !

Rima : Mais des cétacés, peut-être...

Akeko : Vous en avez vu ?

Hanna : Si oui, ne lui dis pas, les Japonais chassent toujours la baleine !

Akeko : Arrête, y a plein de Japonais qui s'opposent à ça !

Hanna : Je blague, Akeko !

Louise : On vient d'arriver. C'est top, mais on ne sait pas encore comment on va réussir à filer au large. C'est plus fréquenté qu'il y a trois ans, y a plus de bateaux... Ou alors j'ai grandi et je suis plus sensible à tout ça qu'à l'époque.

Angeliz : Probable. Même s'il y a des bateaux partout, les cachalots sont bien obligés de faire avec.

Izir : On a galéré aussi l'année dernière pour voir une tortue luth, trop de monde sur les plages, de jour comme de nuit. Mais on l'a rencontrée, c'était incroyable comme moment.

Louise : Après, on participe à ça, nous aussi, on est venus en avion, en bateau, on loge à l'hôtel...

Clara : T'as raison. On bouge, on pollue, mais on sait pour qui on est là. C'est pas le même voyage.

Rima : Déjà c'est incroyable d'être dans l'eau… Quand tu penses que le cachalot y passe sa vie. En plongeant à plus de 1 000 mètres, avec des poumons !

Philippe : J'ai honte de notre tuba en plastique, d'un coup !

Akeko : Si vous les entendez communiquer, écoutez bien leurs sons, c'est important.

Louise : Merci du conseil ! On sait, mais on va commencer par apprendre à écouter dans l'eau, c'est tellement étrange.

2

La passe

On se rejoint à la plage.

Louise quitte le bungalow et chemine jusqu'à la paillote. Elle salue le jeune homme qui balaie la dalle.

— Tu cherches quelque chose ?

— Une bouée, pour plonger.

— En bouteille ?

— Non, en apnée. Vous louez des bouteilles ?

— On en a, mais c'est réservé aux adultes.

— Alors pourquoi vous me le demandez ?

Le jeune homme rit, pose son balai contre une des tables puis dépasse Louise. Il tourne au coin du bâtiment et s'arrête devant le conteneur de vingt pieds posé à flanc de mur.

Il défait le cadenas et tire sur les leviers qui pivotent, libérant le battant de la porte.

— Tu veux quoi comme bouée ?

— Une bouée qui se voit de loin.

Il farfouille dans le sombre bazar, puis ressort avec l'objet.

— Quand tu la gonfleras, fais attention au petit drapeau, qu'il ne reste pas coincé. Il y a dix mètres de corde, ce sera suffisant ?

— Ouais. Merci.

— Il faut que tu me signes un registre, en cas de perte.

Il referme le conteneur et retourne au comptoir. Il en sort un cahier pour qu'elle signe.

— Tu vas plonger où ?

— Vers la passe.

— C'est pas le plus cool. À l'îlet Paille-en-Queue, y a de jolies choses.

— L'îlet Paille-en-Queue ?

— Yep. C'est la petite île juste derrière la pointe, à l'ouest.

Elle le remercie sobrement et s'éloigne.

— Fais attention au courant si tu traînes dans la passe.

Elle lève la main en guise de merci puis rejoint les deux autres sur le sable de la plage.

— Ça a été ?

— Ben ouais.

— Le gars était sympa ?

— J'aime pas sa façon de me regarder. Phil, gonfle la bouée, *please*.

Il s'exécute et toise d'un air navré le drapeau rigide qui coiffe le cylindre d'air.

Le trio s'équipe et gagne le rivage. Philippe attend d'être dans l'eau pour enfiler ses palmes, cette fois, ce qui déclenche une vague de moqueries.

— C'est qu'il apprend vite !

— T'as oublié tes brassards ?

Il s'offusque et balance l'objet flottant.

— C'est pas moi qui gère la bouée, c'est trop la honte.

— Tu verras si c'est la honte quand un jet-ski te coupera la tête, rétorque Louise.

Il se retourne, consterné.

— Ça va pas de dire des trucs comme ça ?

Elle rit.

— Non, c'est juste qu'on ne maîtrise pas grand-chose ici, ni l'eau ni l'endroit. Vous encore moins que moi. Faut faire attention, c'est tout. File-moi la corde.

Elle la noue autour de sa taille et s'enfonce dans le liquide, direction la passe.

Le sable du fond se couvre par endroits d'un herbier ras, hérissé de piquants d'oursins. Puis viennent les premières patates. Les coraux sont à moitié morts mais leurs squelettes offrent une multitude de cachettes et de supports à d'autres créatures.

Les patates isolées, posées çà et là sur le fond sablonneux, laissent bientôt place au récif, barrière de roches et de coraux. Le survol du trio en rase-mottes, puisqu'il y a moins d'un mètre de profondeur ici, tourne à la féerie. Les poissons sont légion, foule colorée autant qu'agitée. Le fond est un patchwork de textures et de teintes inédites.

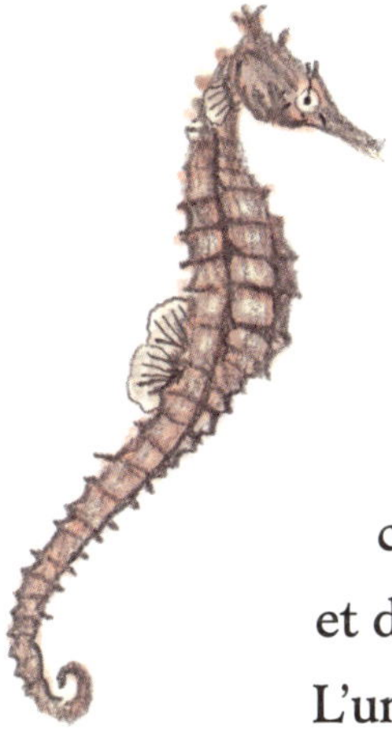

Rima, Philippe et Louise barbotent, tout à leur joie, la douceur du liquide se couplant à la profusion de vies inconnues, si éloignées de celles des mammifères terrestres et des oiseaux.

L'un rit dans son tuba pour indiquer un crabe bariolé ! L'une couine pour pointer le doux balancement d'un hippocampe, et vocalise devant de juvéniles poissons-clowns affairés au cœur d'une anémone. L'autre enfin gronde devant le rude camouflage d'un poisson-pierre.

La surface, jusqu'ici lisse et tranquille, se déforme à l'approche de la passe. Elle monte et descend, désormais, entraînant les corps des trois collégiens dans son mouvement. Le clapotis se mêle aux autres sons en bruit de fond. L'oscillation des algues et des gorgones se fait plus visible, reflet de l'agitation grandissante de l'eau.

Philippe se redresse tant qu'il a encore pied et jette un œil à l'air libre. Un bourrelet d'écume surligne le rebord de la barrière de corail, à vingt mètres de lui, vers le large. La passe est visible, trente mètres devant, rayure outremer tranchant sur le bleu turquoise du lagon. Un frisson d'inquiétude lui parcourt l'échine. La terre est loin…

Les filles émergent et relèvent leurs masques. Rima est aux anges.

— Ça commence à bouger !

Louise sourit.

— Ils sont tellement drôles, tous ces poissons. Ça va, Phil ?

— Ouais ouais, ça roule.

— Sûr ?

— Ouais ouais.

— Reste près de moi, ça va être cool, tu vas voir.

L'océan est calme aujourd'hui, et la plongée n'est perturbée ni par le vent ni par les vagues. Le trio disparaît sous l'eau et reprend sa nage vers la passe. L'oscillation de la surface s'amplifie et les poissons ballottent le plus naturellement du monde. Le son se fait plus complexe encore, mélange de crépitements minéraux et de roulements sourds.

Soudain, Philippe redresse la tête et perçoit le changement de couleur. Le bleu forcit, signe de l'augmentation de la profondeur. Il cesse de palmer et flotte. Louise lui prend la main et l'entraîne à son rythme. Ils avancent encore et la passe s'ouvre enfin, le fond plonge à deux, trois puis cinq mètres. Rima, Philippe et Louise freinent en écartant les palmes et se laissent porter par les flots, impressionnés par cette nouvelle configuration. Le temps qu'ils observent les lieux et domptent leurs appréhensions, ils ont déjà dérivé. Rima fait un plongeon canard et s'enfonce. Elle descend à quatre mètres, se retourne, salue les deux autres et remonte en larguant de grosses bulles d'air chargées de rires. Aussitôt elle replonge, imitée par son amie. Les filles nagent côte à côte et s'enroulent dans l'océan. Philippe, resté en surface, les regarde. Ému par la grâce et la joie visible des plongeuses, il se cambre et s'enfonce à son tour.

C'est une révélation. Craintif à fleur d'eau, il se découvre ici chez lui. Libéré de la pesanteur et de tout encombrement, libéré de la surface et du fond, il s'ébat en tous sens, tourne sur lui-même. Il remonte, redescend, respire en surface et batifole au fond. Il est si bien qu'il en oublie

toute prudence et s'emmêle dans la corde de la bouée.

Rima, Philippe et Louise ont un corps et le ressentent léger comme jamais ce matin. Il y a la piscine, certes, mais cela n'a rien à voir. La piscine est un bocal mort, chimique et désinfecté. Ici l'eau vit et grouille de créatures incroyables. Ici est le monde.

Le trio rit en surface, contrôlant plus ou moins la dérive par des mouvements de bras et de jambes.

— T'as vu la murène ?

— Une murène ? Où ça ?

— Amène-toi !

Et c'est reparti. L'euphorie redescendue, le corps repu de liberté, chacun se concentre.

Rima sur ce qu'elle voit : de jeunes langoustes effrayées dans leur cachette rocheuse, un gros poisson-coffre aux yeux larmoyants, une raie torpille camouflée sous le sable, et le ballet métallique des minuscules castagnoles bleues.

Louise sur ce qu'elle entend : quelques moteurs au loin, le son mat des becs des poissons-perroquets qui grignotent les coraux, ceux, plus sourds, de l'air s'engouffrant dans la roche à chaque vague qui frappe la barrière de corail, celui enfin de l'eau qui lui lèche les tympans.

Philippe sur ce qui lui arrive : il ne peut plus s'empêcher de nager, les deux jambes coordonnées, à la manière des dauphins. Il accélère et vrille. Il remonte, se repaît d'air, redescend, frôle la roche et se pose à genoux sur le sable. Expulsant l'air de ses poumons, il réussit à se stabiliser au fond, et relève la tête vers la surface, ivre de bonheur. Il tient encore quelques secondes puis, saturé de gaz carbonique, remonte d'un coup de pied.

L'effort physique et respiratoire est intense et le corps fatigue. L'attention baisse, et avec elle le discernement. Philippe aperçoit les reflets d'un banc de petits poissons vers l'entrée de la passe et s'élance à leur rencontre. Il est rapidement entouré de milliers de poissons argentés. Le banc est la créature, il se déforme et se recompose au gré des mouvements complexes des êtres qui le constituent. Le plongeur est

dans un état second, emporté par le tourbillon. Il perd tout repère. Le fond, la surface, les côtés, tout cela n'a plus de réalité, il n'y a que l'eau et le banc mouvant. Bientôt pourtant il lui faut respirer. Il nage vers la surface mais, désorienté par la nuée et ses arabesques, il remonte de biais et se coince sous la paroi rocheuse. À court d'air, ahuri, il sent une main lui saisir le bras et tirer fort. Revenu à la surface, il avale une furieuse goulée, se précipite hors de la passe et se pose sur une patate à fleur d'eau.

— T'es malade ! Faut arrêter Philippe, t'es taré !

— J'ai rien compris…

Rima est furieuse.

— Si on n'avait pas été là, t'étais mort, dans cinq mètres d'eau, c'est dingue !

Philippe, dont la respiration s'est apaisée, leur lance un regard doux, un peu parti.

— C'est à cause du banc de poissons. Ce truc est magique, à peine j'étais dedans que j'étais plus là…

Louise le fixe, en colère mais malgré elle envieuse de son expérience.

— T'étais où ?

— Je ne sais pas, c'est comme si les dimensions avaient disparu…

— T'as dû flipper.

— À la fin seulement, avant, c'était un truc que je n'avais jamais ressenti, un truc merveilleux…

— Ton épaule saigne ! s'exclame Rima.

— Ça brûle en plus, j'ai dû râper un corail de feu…

Louise lui colle une tape sur la tête et remet son masque.

— Le sang dans l'eau, c'est pas bon, surtout près de la passe. On rejoint le rivage au plus court, on marchera pour rentrer.

Elle s'élance et laisse Philippe démuni.

— Pourquoi c'est pas bon, le sang dans l'eau ?

Rima lui répond, avant de démarrer comme une torpille :

— Barracudas et requins. Mais t'inquiète, c'est une légende, les requins n'en ont rien à faire de ton petit sang d'homme !

Il se glace quand même, remet son masque et sprinte à son tour vers la côte.

Il n'est pas dix heures, les premiers bateaux à moteur annoncent le rush de fin de matinée. Trois jeunes humains sortent de l'eau et retrouvent le sol, instables sur le sable et maladroits sous le coup de la pesanteur retrouvée.

3

À la capitale

La route menant à la capitale de l'île est truffée de nids-de-poule. Le neuf-places qui transporte les cinq touristes cahote de corniches littorales en sous-bois tropicaux. Rima, Philippe et Louise sont finalement contents d'aller en ville. Si cela ne tenait qu'à eux, ils resteraient au contact de l'océan. Ils n'en bougeraient pas, au risque de se liquéfier. Mais ils ont compris que leur désir de cachalot ne pourra s'exaucer depuis la plage. Qu'une rencontre n'est pas envisageable devant l'hôtel. Ils savent qu'il faut chercher ailleurs les moyens de provoquer une rencontre, et que le temps presse, puisque le troisième jour est déjà entamé. Le taxi collectif les dépose sur le parking de la gare routière, en retrait du front de mer. Les passagers sortent du véhicule et entament leur déambulation. Les

rues piétonnes et touristiques sont fréquentées, mais agréables ce matin. Les nombreux magasins de souvenirs proposent tous plus ou moins les mêmes bibelots.

Louise est saisie d'un trouble : coquillages, poissons, oursins et autres créatures, séchées ou fragmentaires, sont transformés ici en objets futiles et commerciaux. Elle le savait, que ça existe, ce n'est pas une surprise et ce n'est pas le problème. Son trouble naît justement de son attirance pour ces « objets », ces merveilleuses coquilles de porcelaine, ces dents de requins, ces tests d'oursins* qu'elle n'a jamais vus ailleurs.

* Structure squelettique, enveloppe minérale de l'oursin.

Elle est fascinée, malgré le carnage et le prélèvement industriel de ces êtres vivants. Elle reste figée devant l'hippocampe séché qui se cambre à l'extrémité d'un fil de mobile. Rima s'approche et lui donne un coup de coude.

— Ça va ?

— Tu te rappelles comme celui qu'on a vu dans le lagon était beau ? répond-elle, laconique.

— Hé, je connais cette tête…

Louise sourit à son amie.

— Non, c'est juste que ça m'énerve de ne pas être plus énervée par tout ça…

— Du pur Louise ! Si t'es pas si énervée, profites-en, alors !

Elle sourit de nouveau et se décrispe, désamorcée par la bonne humeur de Rima, qui ajoute :

— On sait tout ça, on n'y peut pas grand-chose. Je ressens pareil, mais on ne va pas se rendre malades en plus. Prends-le comme une leçon de SVT, comme ça ils ne sont pas totalement morts pour rien. Regarde Philippe, il est scotché devant les tests de dollars des sables*, ça le rend maboul, tous ces dessins hyper symétriques !

Elles rient de bon cœur, le rejoignent, l'arrachent à ses squelettes externes et tous les trois quittent la boutique.

Ils achètent des blocs de nougatine à une vieille dame édentée, calée au croisement d'une rue, puis ricochent de vitrine en vitrine.

Les premières images de cétacés apparaissent bientôt. Des photos de queues de baleines à bosse et de dos de globicéphales ornent les affiches et les pancartes qui invitent à l'excursion : *Côtoyez les géants des mers ! Découvrez le monde des baleines !*

La rue piétonne débouche sur le front de mer. Assis sur la grande jetée, Rima, Philippe et Louise observent les poissons lumineux qui s'agitent sous la surface et le manège des bateaux qui entrent et sortent de la marina**, chargés de clients orange, couleur de leurs gilets de sauvetage.

— Tu crois qu'ils ont vu des cachalots ?

Philippe hésite.

---

* Nom donné à certains oursins plats qui, posés sur le sable, évoquent des pièces de monnaie.

** Ensemble d'installations touristiques (port de plaisance, hôtels, restaurants, magasins) construites en bord de mer.

— Je ne sais pas, ce n'est pas si commun. À cette saison, les baleines à bosse sont encore rares, apparemment. Il y a surtout des globicéphales et des dauphins.

Louise grimace.

— Ça n'arrête pas, les rotations. On a vu combien de bateaux partir en un quart d'heure ?

— Une dizaine.

Rima calcule :

— Si tu comptes trente personnes fois dix, ça fait trois cents personnes par quart d'heure. À l'heure, ça fait mille deux cents personnes qui vont voir les cétacés…

— Le problème ce ne sont pas les gens mais les bateaux qui les harcèlent... précise Louise.

— En plus tu ne peux pas calculer comme ça, intervient Philippe. Les départs ne se font pas à l'infini, il y en a toutes les deux heures, j'imagine, puis les bateaux reviennent et repartent. Là, ça s'est calmé, donc ça doit faire quinze départs toutes les deux heures, soixante bateaux sur la journée, donc mille huit cents personnes qui vont voir les baleines chaque jour.

Louise ricane.

— Et par semaine ?

— Douze mille six cents, en comptant les dimanches.

— Par mois ?

— Cinquante-quatre mille, en arrondissant, si on compte qu'un…

Il est interrompu par les filles qui pleurent de rire en secouant la tête.

— Quoi ?

— À quoi ça peut servir, un talent pareil ?

Il marmonne et se relève.

— Ça sert à dire que si on veut rencontrer un cachalot, faudra prendre un de ces bateaux, et que c'est pourri, c'est tout sauf une rencontre, un truc pareil…

— Prends pas la mouche, on rigole, et ce n'est pas la peine d'être défaitiste comme ça… objecte Rima. Et puis, c'est le tourisme qui fait vivre les gens, ici, faut pas l'oublier…

— Je ne suis pas défaitiste, je suis réaliste.

Les filles se lèvent aussi et tous les trois rejoignent les parents pour aller déjeuner dans l'un des restaurants recommandés dans leur guide de voyage.

À quatorze heures, ils sont de retour à l'hôtel.

— Je vais faire une sieste.

Philippe rentre au bungalow, tandis que Rima et Louise s'installent à la paillote, portables à la main et eau de coco fraîche dans leurs verres. Entre deux messages, elles passent leur matinée en revue et ressassent l'échec annoncé : l'opération cachalot semble mort-née.

Une fille de leur âge surgit sur la dalle et slalome entre les tables et les transats pour se rendre au comptoir. En arrivant à leur niveau, elle leur glisse un regard appuyé, énigmatique bien qu'amical.

— Tu l'as déjà vue ? demande Rima.

— Y a deux jours, en soirée, elle parlait avec le serveur.

— Celui qui t'a filé la bouée ?

— Non, celui qui nous a servi l'eau de coco, tout à l'heure.

— C'est son père, tu crois ?

— Il a l'air un peu jeune pour être son père.

— Non, y a pas d'âge pour être père.

— Tu dis ça parce que le tien a soixante-dix ans !

Rima pouffe malgré une pointe de susceptibilité.

— T'es bête, des fois !

POSTS

Luigi : On a trouvé des crottes de fossa ! Ce petit carnivore nous fait bien courir !

Hanna : C'est beau, ce coin de Madagascar ?

Luigi : Ouais, mais on traîne surtout dans la forêt, c'est là qu'il est.

Louise : Mets la crotte au congélateur, pour l'ADN.

Akeko : Et le cachalot, alors ?

Louise : La déprime. On ne sait pas comment aller au large, à la capitale c'est l'usine, les bateaux sont bondés et ça doit juste déranger les cétacés…

Clara : Vous n'avez pas assez préparé votre voyage.

Rima : On pensait qu'il y aurait des moyens plus doux pour aller au large…

Clara : Y a pas des petits bateaux à louer ?

Louise : Y en a, mais c'est hors de prix, on n'a ni l'âge ni l'argent pour en réserver un. Je ne me rappelais pas que c'était si touristique. C'est ma faute.

Clara : Il vous reste encore plusieurs jours, c'est pas perdu. Une rencontre, ça se prépare, mais ça survient aussi très souvent par hasard ! Ça vous tombe dessus. Faut juste se rendre disponible.

Louise : Tu as raison, merci Clara. On vous tiendra au courant. Et par chez vous, Angeliz ?

Angeliz : On rame ici. Les koalas sont devenus super rares depuis les incendies en Australie. Ça fait bizarre. Mais c'est beau de voir la vie reprendre après la catastrophe.

Philippe : Tu m'étonnes. Ça doit être émouvant. J'aime trop les eucalyptus.

Louise : Tu ne dors pas, Phil ?

4

Souffles et dent

Il est quinze heures lorsque Philippe rejoint Rima et Louise à la paillote. Il s'installe sans un mot, dépose son guide sur la table basse et s'excite immédiatement sur son portable.

Les filles échangent un regard, perplexes quant à son état. Elles achèvent bruyamment leur eau de coco, à la paille, dans l'attente d'une parole.

— Hé hé !

Il redresse la tête et sourit, une étincelle au coin de l'œil.

— J'ai noté un truc intéressant, tout à l'heure.

Il présente l'écran de son portable et commente :

— Nous, on est là.

Il pointe l'emplacement de l'hôtel sur une carte puis trace d'autres lignes du doigt.

— Le lagon fait tout ça. La passe doit être par là. De l'autre côté de l'anse, y a cet îlet.

— L'îlet Paille-en-Queue, précise Louise.

— Tu connais ?

— J'en ai entendu parler. C'est cool pour plonger, apparemment.

— Ça ne m'étonne pas, dit Philippe en ouvrant le guide posé sur la table. Sur cette carte-ci, on voit bien que juste derrière l'îlet, il n'y a pas de barrière de corail. Comme si l'îlet était la barrière. Et y a un dessin de marlin, un peu plus bas. Genre gros poisson pélagique*.

— Super. Et ?

— Et donc, j'ai consulté sur Internet la carte topographique de la zone, et ça confirme ce que je pensais.

Il se calme, fier de lui.

— Juste derrière l'îlet, il y a un canal qui plonge rapidement à huit cents mètres de fond…

Les filles cessent leurs bruits de pailles. Le silence dure, le temps que l'information circule dans leurs têtes.

Louise enfin prend la parole :

— C'est large, comme zone ?

— Douze kilomètres, c'est un canal entre notre île et la suivante.

Rima s'est levée.

— Je vais au bungalow chercher les jumelles. Il vous faut quelque chose ?

— Pour quoi faire ?

— On va aller voir l'îlet, je suis sûre qu'en montant sur la colline on apercevra le canal.

— Y a un chemin de randonnée qui grimpe au sommet, confirme Philippe.

---

* Qui vit en haute mer, loin du fond.

Louise se lève à son tour et rejoint son amie en trottinant.

Philippe reste assis. Ses yeux balaient machinalement la paillote. Il est tiré de ses pensées par la trajectoire d'une jeune fille qui traverse la dalle de béton. Le temps que ses pupilles fassent la mise au point, elle est à son niveau.

— Salut.

Elle est déjà loin lorsqu'il parvient à lui bredouiller un « salut » en réponse. Il reste hagard quelques secondes, perturbé par cette apparition, puis ose finalement se retourner. Elle n'est plus là. Elle n'a jamais été là, il a rêvé. Il sourit tout seul et se redresse. Rima et Louise reviennent déjà et tous les trois filent sur la plage, direction la pointe.

Un chemin perce la ceinture des cocotiers qui bordent la plage avant de grimper rapidement dans la végétation littorale. Il s'élève à travers les arbustes penchés de cette côte soumise aux vents. Le sommet est assez sec, couvert de graminées. L'horizon se dégage enfin. Le trio fonce vers le point de vue, se colle à la balustrade et détaille l'îlet.

La vue est splendide et les couleurs déplient le spectre lumineux: rouge écarlate des fleurs de flamboyants, orange corail des toits de tôle, jaune mimosa des pompons d'acacia, jaune sable de la plage, vert amande des buissons endémiques* et vert bouteille des arbres du voyageur, bleu aigue-marine de l'eau, bleu azur du ciel et enfin bleu marine du canal qui coule profond derrière l'îlet Paille-en-Queue.

— L'îlet n'est pas si loin de la plage de l'hôtel.

— À la nage?

— Tu rigoles, c'est quand même loin, t'as vu comme on a dû palmer pour aller à la passe.

— Avec un bateau gonflable, ce serait cool.

— À trois dedans, morte de rire.

— Y a un gamin qui en a un, sur la plage de l'hôtel.

— Philippe, c'est ta mission!

Louise et Rima rient et il contre-attaque:

— Tu nous as parlé du container où t'as pris la bouée, Louise. Je suis sûr que tu sais l'ouvrir.

---

* Une plante ou un animal endémique est une créature présente naturellement dans une île ou dans une région limitée, sans y avoir été importée, par l'homme par exemple.

— Non, y a un cadenas.

— Mais tu connais quelqu'un qui a les clés de ce cadenas !

— Non, et puis il n'y a pas de bateau là-dedans, c'est du petit matériel. À la nage, en partant du point de la côte le plus proche de l'îlet, ça peut le faire. En plus on ne quitte pas le lagon.

— Et on va comment jusqu'au point le plus proche, en marchant ?

Rima gratte sa cheville constellée de piqûres de moustiques.

— On n'a qu'à continuer le sentier, redescendre par l'autre anse puis rentrer par la côte. On verra à quoi ça ressemble, si c'est du sable ou des rochers... Philippe, t'en penses quoi ?

Philippe s'est tu depuis un moment déjà, les yeux perdus dans la zone marine du canal. Il ouvre la bouche mais ne répond pas.

— Passe-moi les jumelles.

Elle s'exécute. Les yeux collés aux lentilles, il se tait. Soudain il s'affole.

— Là, là !

Il tend les jumelles à Rima et lui donne des ordres :

— Tu suis mon bras, à trois cents mètres du bord, dans le canal, tu verras des petits triangles sombres qui entrent et qui ressortent de l'eau. Des dauphins sans doute, ils sont nombreux! Dépêche!

Elle peine à régler la netteté et il s'agace.

— Dépêche, ils nagent vite!

— Attends, c'est quoi tes yeux de taupe, je ne vois rien avec tes réglages!

Elle tend les jumelles à Louise qui, plus calme, réussit à localiser avec netteté le groupe de cétacés.

— Ils sont au moins vingt…

Elle s'arrache à cette merveilleuse surprise et repasse les jumelles à Rima.

— Ah ben voilà, ça ce sont des yeux normaux ! Yes, je les vois ! Trop cool !

Philippe réclame l'outil mais elle s'accroche.

— Ce ne sont pas des dauphins. Trop gros et trop foncés… Ce sont des globicéphales…

Le groupe de cétacés disparaît derrière la colline voisine, qui restreint la vue sur la droite du belvédère. Il est temps de redescendre, par le sentier côtier.

Rima, Philippe et Louise sont radieux. Pour la première fois du séjour, ils se sentent engagés. Jusque-là, rien ne semblait vouloir doter ces vacances de pics d'intensité. Avec la découverte du canal et l'observation du groupe de mammifères, ils glissent dans un autre monde. C'est le même, mais plus du tout le même. Si des globicéphales empruntent le canal, alors pourquoi pas des cachalots ? Leur quête semblait tourner court, la voilà réactivée.

Ils descendent la pente rocailleuse en courant, manquent à plusieurs reprises de s'y fracasser les os, puis débouchent face à l'océan, sur une falaise haute de quelques mètres. La corniche s'estompe et le chemin se fait plus praticable. Quelques langues de sable s'ouvrent çà et là, permettant d'accéder à l'eau facilement. L'îlet Paille-en-Queue est splendide vu d'ici, et tout auréolé de promesses d'aventures. Car c'est là-bas que ça se passe. Ils le savent.

— En partant d'ici à la nage, on mettra quoi, une demi-heure ? demande Rima.

Louise hésite.

— Je ne sais pas, ça dépend du courant.

— Y a pas de courant, on est dans le lagon.

— On n'en sait rien, le canal n'est pas loin, réfute-t-elle.

— En tout cas, c'est jouable !

Les filles se tapent dans les mains tandis que Philippe ressort à quatre pattes d'une faille dans la roche.

— Qu'est-ce que tu fabriques encore... ?

Après quelques rires, du sable mouillé plein les joues, il ramène la main qu'il tenait cachée

dans son dos. Le silence s'impose immédiatement. Une dent creuse, de dix centimètres, y repose, roulée par les flots sur les sables abrasifs, fendillée par les chocs lors des épisodes tempétueux, érodée par le sel de l'océan. Mais malgré l'usure, c'est une dent qui ne laisse aucun doute. Une dent de cachalot. Philippe a l'air d'un clown dont le sourire se serait figé à jamais, Louise est à deux doigts de pleurer et Rima ne peut décoller ses pupilles de cette relique. Car cette trouvaille est plus qu'un signe : après les globicéphales, voilà la dent, ça fait beaucoup en un après-midi. Ça fait presque trop, surtout après la déprime de la capitale. Cette dent n'est pas un signe, c'est un contact. Une première rencontre. Chacun s'extirpe de cet étrange moment lorsque Louise replonge brutalement dans le monde.

— Ouah, il est déjà tard, faut qu'on se dépêche de rentrer, ce n'est surtout pas le moment d'inquiéter mes parents !

5

Nosy

Il a plu toute la nuit. Le ciel est bleu, le soleil plein comme tous les jours, mais la lumière est différente ce matin. Car l'océan n'a pas sa clarté habituelle. L'eau est trouble, remuée par les pluies de la nuit.

Rima, Philippe et Louise traînassent. La faute au tintamarre de l'ondée nocturne sur le toit de tôle du bungalow, mais aussi de la fatigue accumulée la veille, entre ville et colline, entre océan et sommets, entre désillusion et espoir retrouvé. Il est neuf heures lorsqu'ils se rendent à la paillote et commandent une eau de coco.

Le serveur, le plus vieux du binôme, qui approche la quarantaine, leur apporte trois verres ainsi qu'une coupelle de chair blanche.

— Merci ! C'est de la noix de coco ?

— J'ai raclé le fond du coco que j'ai ouvert pour le jus. C'est le meilleur.

Il s'éloigne puis se retourne.

— Si j'étais vous, j'attendrais cet après-midi pour la baignade. L'eau n'est pas très propre après la pluie.

— La pluie a brassé le sable ? s'étonne Rima.

— Elle a gonflé les ravines et les ruisseaux, qui ont déversé leurs microbes dans l'eau. Le tout-à-l'égout est optionnel par ici, les eaux usagées des habitations finissent au fossé. C'est idéal pour choper une otite ou un truc dans le genre.

Il laisse le trio pantois.

— Je n'avais pas pensé à ça…

— Qu'est-ce qu'on fait en attendant ? s'inquiète Rima.

— On peut quand même aller vers l'îlet, propose Philippe.

Rima s'étire et glisse, avec une moue :

— C'est trop frustrant. Ça ne m'intéresse pas d'aller là-bas juste pour le regarder de loin.

— Et qu'est-ce qui t'intéresse ? lui lance son amie.

— J'ai envie de m'occuper de moi, ce matin… De bronzer sur la plage.

Les visages de Louise et de Philippe se figent, empreints de pitié. Rima s'esclaffe.

— La tête que vous faites ! Morte de rire ! Je blague ! On n'a qu'à retourner au point de vue, voir si on repère d'autres cétacés…

Philippe acquiesce en silence et sort la dent de son sac. Il la pose sur la table où elle ne reste pas, immédiatement récupérée par Louise, qui l'examine pour la trentième fois.

— C'est quand même l'enfer pour pister un cachalot. Sur terre, y a toujours des signes, des crottes, des indices, des empreintes, des restes de nourriture, mais dans l'eau… Aucune trace, les crottes et la nourriture tombent au fond…

— C'est sûr. Il y a les observations en surface, mais faut un bateau, faut connaître le coin et sillonner sans cesse les zones favorables.

Louise enchaîne :

— Il y a surtout les sons, mais il faut être au large et maîtriser ce langage.

— On aurait besoin d'un hydrophone… annonce Philippe.

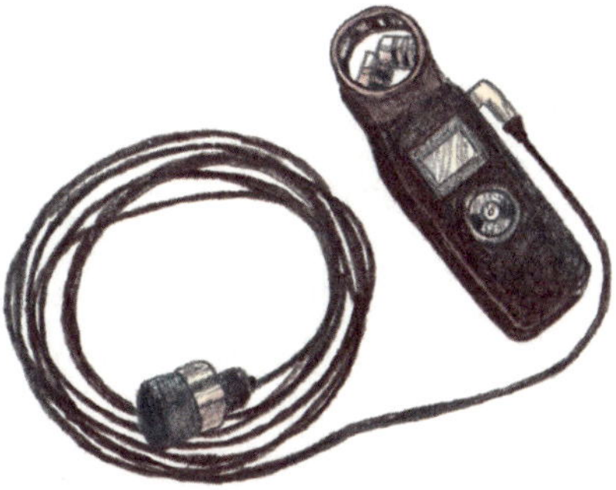

— Un quoi ? grimace Rima.

— Un hydrophone. Une machine qui capte les sons sous l'eau.

— On peut en acheter où ? Tu crois qu'il y a un magasin à la capitale ?

Rima s'emballe, saisit son portable et lance une recherche.

— Comment t'écris hydrophone ?

Elle ne voit pas approcher la fille de la veille, qui passe au large de la tablée en les regardant de façon appuyée. Celle-ci s'immobilise alors, hésite et revient sur ses pas pour se planter devant les trois collégiens.

— Salut.

Louise lui répond d'un rictus, Philippe panique et n'émet qu'un raclement de gorge. Rima relève la tête et se fend d'un franc sourire.

— Salut.

La fille montre la dent qu'enserre Louise et demande sans détour :

— C'est une dent de cachalot ?

Ils acquiescent en chœur, fiers de leur possession.

— Vous l'avez achetée à la capitale ?

— Non, s'offusque Rima, on n'a rien acheté dans les boutiques ! C'est Philippe qui l'a trouvée dans une crevasse sur la plage, là-bas.

L'intruse sourit largement et adopte un ton plus doux, comme soulagée.

— La chance... C'est exceptionnel de trouver une dent sur la côte... Généralement elles finissent au fond de l'océan, très profond. Elle doit être très vieille... Je peux la regarder ?

Louise la lui tend et décèle immédiatement une lueur dans ses yeux. Une lueur qu'elle connaît et sait interpréter.

— Tu aimes les cachalots ?

— Ah ça... Je les adore. J'aime les autres baleines, mais les cachalots sont si incroyables ! Et vous ?

Rima s'engouffre dans la brèche.

— On est là pour ça.

— Je suis en vacances avec mes parents, et voilà mes amis, tempère Louise devant l'expression de surprise de la jeune fille. On essaie de rencontrer un grand cachalot, mais c'est compliqué…

L'inconnue n'a pas le temps de réagir, hélée par la voix sèche du serveur :

— Nosy, tu viens s'il te plaît.

— Nosy, c'est joli. Moi c'est Rima, voici Louise, et le poisson-lune, là, c'est Philippe.

Nosy rit, lui non, puis elle s'excuse en reculant.

— Enchantée. C'est mon père, il n'aime pas que je parle aux clients. Bravo pour la dent, elle est splendide.

Et elle s'efface aussitôt, laissant le trio perturbé.

Rima, bien orientée, ne la quitte pas des yeux.

— Son père nous regarde. On dirait qu'elle lui parle de la dent… Philippe, tu peux fermer la bouche, elle est partie !

Les filles s'esclaffent et il se lève.

— Je vais chercher mes crayons, j'ai envie de dessiner la dent.

— On fait quoi ? demande Rima.

— J'en sais rien, on est bloqués si on ne peut pas aller dans l'eau. On essaiera de nager jusqu'à l'îlet cet après-midi, si ça s'arrange…

— Mais pour ce matin ?

— Je ne sais pas, je vais peut-être passer du temps avec mes parents, ça leur fera plaisir. Et toi, Rima ?

— Je vais quand même retourner au point de vue, avec les jumelles…

—Tu reviens vers nous si tu repères des cachalots, hein ? lui demande Louise.

L'eau est encore trouble après le repas. Aucun des collégiens ne s'y risque de peur de voir les dix prochains jours bousillés par une infection. Rima n'a rien vu dans le canal et s'ennuie mollement sous un palmier. Elle remue le sable avec ses orteils, casse des petites brindilles tombées de l'arbre, observe le manège d'un crabe jaune… Philippe, lui, farfouille plus loin à la recherche de tests de dollars des sables. Il a trouvé un premier oursin par hasard, squelette à moitié enfoui, et se livre depuis à une fouille méticuleuse et organisée de l'estran, l'espace situé entre le niveau de marée haute et celui de marée basse. Louise a couru avec son père, ce matin, et discute à présent avec sa mère, allongée sur la plage à son côté.

Nosy surgit et se plante devant Rima qui grimace, le soleil en pleine face.

— Je peux m'asseoir ? Rima, c'est ça ?

Elle l'y invite et toutes deux passent la demiheure suivante en camarades.

— T'en as déjà vu ?

— Plusieurs fois, mais souvent de loin, avant qu'ils ne sondent*.

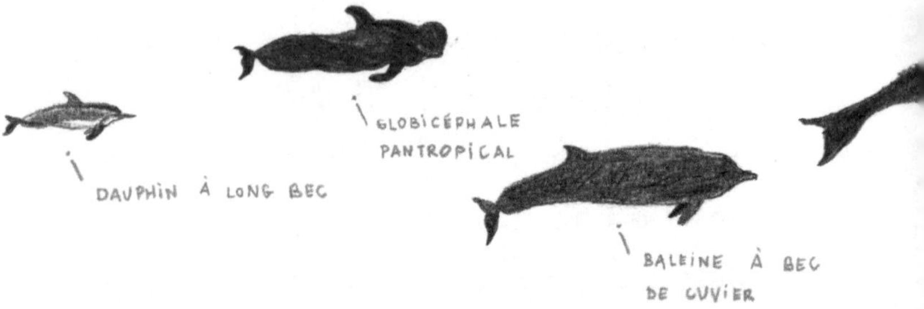

— Et des baleines à bec aussi ?

— Oui, plus souvent et de près, des baleines à bosse, aussi, c'est commun à certaines périodes. Mais les cachalots, ça me fascine…

— Tu m'étonnes… Si t'es souvent sur l'eau, tu ne vas pas au collège ?

Nosy sourit.

— Y a pas de collège ici, tout le monde va à Maurice. Je vis avec mon père et je suis des cours à distance.

— Trop cool.

— Ça dépend… C'est sûr, j'ai de la chance de vivre ici, mais c'est un peu morne, les gens ne font que passer et pensent à eux, c'est normal, c'est leurs vacances. Les rencontres sont rares… J'envie les collégiens, souvent…

---

* Lorsqu'un cétacé sonde, il se cambre et plonge à la verticale vers les profondeurs. Les cachalots sont capables de rester plus d'une heure sans respirer !

— Je comprends...

Le silence s'installe. Ce n'est pas un silence de gêne, bien au contraire, c'est un silence amical, de ceux qui disent la joie d'être présents ici et maintenant, ensemble. Rima reprend, en toute confiance :

— Hier, on a vu des globicéphales dans le canal, tu crois que les cachalots l'empruntent aussi ?

— Je n'en ai jamais entendu parler, mais pourquoi pas ? Il y a souvent des passages de cétacés.

— On veut aller à l'îlet Paille-en-Queue à la nage, et plonger dans le canal pour les rencontrer.

Nosy la dévisage, surprise.

— Wooo, vous êtes un peu dingues... Je comprends, hein, et j'adore même, mais ça ne marche pas comme ça... L'îlet n'est pas si près et il y a des turbulences dans le lagon, avec l'eau qui remonte par en dessous. Puis il y a un courant assez fort, dans le canal… Faut faire attention, quand même !

Rima exprime une légère gêne.

— On ne connaît pas la zone, on est des touristes pour toi, je sais, mais on veut juste essayer d'approcher un cachalot, c'est notre rêve…

— Non, je ne voulais pas être méprisante, c'est juste qu'il faut se méfier de l'océan. C'est merveilleux, c'est magique, mais ce n'est pas vraiment notre monde…

Nouveau silence, cette fois plus pesant. Nosy finit par le rompre.

— Et vous n'êtes pas des touristes, enfin si, mais pas des vrais touristes, vous ne venez pas pour la plage, le soleil, les tropiques, les piñas coladas, les indigènes et tout ça !

Elles rient de bon cœur et Nosy reprend :

— Votre plan est cool, et j'ai plein de respect pour votre… inconscience. Ça me dit bien aussi, d'aller traîner vers le canal… Faut juste s'y prendre autrement.

Elle perçoit l'étincelle dans les yeux de Rima et insiste :

— Tes amis seraient d'accord ?

— D'accord pour quoi ?

— Pour que je vous accompagne ?

— Carrément ! Louise paraît un peu sèche mais elle est géniale, et Philippe, il bave déjà devant toi !

Elles rient encore. Nosy prend la main de Rima.

— Je peux te montrer quelque chose ?

Elle n'attend pas sa réponse et la relève de force. Toutes deux filent le long de la plage, en direction de la pointe ouest, celle qui donne sur l'îlet. Un peu plus loin, Philippe se fige, surpris de découvrir Rima et Nosy trottant de concert. Louise aussi les a vues, impassible et pourtant tiraillée par une légère pointe de jalousie.

Le duo dépasse l'alignement de cocotiers et s'enfonce dans un herbier qui tapisse le haut de la plage. Les déchets viennent s'entasser ici : filets déchirés, filins, bouées percées et flotteurs cabossés, bouteilles en plastique, poissons secs, nasses détruites, ballons dégonflés,

sachets, tongs, tubas, mouettes momifiées, masques chirurgicaux, bois flotté et polystyrène à volonté. Rima est atterrée par cette zone qui concentre tout ce que les courants rapportent au rivage… Elle ne voit pas tout de suite ce que lui montre sa nouvelle amie.

— Quoi ?

— Ben quand même… Tu ne vois pas la pirogue ?

— Si, une épave parmi les déchets.

— Là, t'es une touriste ! J'ai toujours voulu la réparer, mais faut être plusieurs.

Les connexions électriques du cerveau de Rima crépitent, et Nosy précise, euphorique :

— À nous quatre, en moins de deux jours on peut la retaper, et on pourra aller à l'îlet puis dans le canal. T'en es ?

Rima ricane de plaisir et amorce le retour d'un trot enlevé.

— Et comment ! Amène-toi !

En quinze minutes, l'affaire est pliée auprès des autres, le projet validé. Le trio devient quatuor. Deux jours de réparation d'une pirogue, c'est deux jours perdus pour la recherche du cachalot, mais c'est un bond en avant pour les jours suivants, puisque le canal sera enfin accessible, réellement accessible. Confort et sécurité, au-delà de leurs plans qu'ils savent fumeux. C'est reculer pour mieux sauter. Quitter l'eau pour mieux replonger. Préparer à terre la rencontre sous-marine.

POSTS

Philippe : Help ! Il vaut mieux une pirogue avec un ou avec deux balanciers ?

Izir : Ça dépend qui pagaie !

Rima : Avec Philippe, faut un balancier de chaque côté...

Louise : Un seul balancier, Phil ne pagaiera pas !

Akeko : Vous avez rencontré une pirogue ?

Rima : Ha ha ! Non, sérieux, on a retrouvé la patate. On a vu des globicéphales, on a déniché une dent de cachalot, trop belle, et on va réparer une pirogue pour aller au large.

Clara : Super... On dirait que le vent tourne !

Angeliz : Ça me paraît impossible d'approcher les cachalots, je les imagine toujours dans les profondeurs... Je vous admire !

Nosy : Ils vivent aussi en surface ou juste dessous, faut qu'ils respirent, s'amusent... Ils plongent pour manger.

Akeko : Nosy, t'es nouvelle ?

Nosy : Oui, je rejoins l'équipe cachalot ! Enfin, je m'incruste.

Louise : Tu parles, c'est notre sauveuse, elle est trop forte en plus, elle connaît tous les cétacés ! Toujours pas de koala dans les eucalyptus australiens ?

Hanna : Y a plus d'eucalyptus... On nous a dit qu'une forêt a été épargnée à soixante kilomètres d'ici, on va essayer d'y aller, on ne sait pas encore trop comment.

Philippe : Tenez bon, on était dans votre état hier matin !

Paul : Est-ce que quelqu'un sait comment traverser une tourbière* sans la ravager ? Y a des plantes carnivores partout, c'est trop beau. On a tenté d'autres passages mais c'est impossible, va falloir passer tout droit...

* Zone humide marécageuse où se forme la tourbe, issue de la dégradation lente de certaines mousses.

6

La pirogue

Le corps de la pirogue n'est pas trop abîmé. Creusé dans le bois brut, il reste intègre malgré la déchirure de la proue et l'absence d'une portion de bois sur le flanc droit. C'est une petite pirogue, y tenir à quatre s'annonce un peu juste mais l'art de la navigation compensera la surcharge.

Louise et Philippe demeurent toutefois perplexes.

— Je n'ai jamais rien réparé, dit-il, même pas un manche à balai, je sais juste démonter… C'est peut-être facile, mais quand je vois le truc, ça me paraît tellement impossible !

Louise acquiesce de la tête.

— On va sombrer dans le lagon…

Rima, qui tire sur l'épave pour dégager la poupe d'un buisson, s'agace.

— Nosy connaît son affaire, si elle dit que dans deux jours, ça flotte, ça flottera. Vous m'aidez oui ou non ?

Ils se hâtent et le bloc de bois est déplacé d'un bon mètre.

— Bravo, quelle équipe ! Ça va ?

Nosy les rejoint sur l'herbier et laisse tomber son chargement sur le sol. Il y a des planches de manguier, de l'étoupe*, du papier de verre, des outils, scie, pointes, hachette, pince et marteau, une boîte de mastic et du fil de fer.

— Je suis en retard, désolée.

— Ce n'est pas grave. Où tu as trouvé tout ça ?

— J'habite ici. Sur une île, il y a tout ce qu'il faut pour réparer les bateaux !

---

* L'étoupe, fibres de chanvre que l'on glisse dans les fentes, et le mastic assurent l'étanchéité des embarcations.

Le chantier démarre immédiatement. Louise racle, ponce la coque et adoucit les angles des brèches. Nosy et Rima posent les planches sur le support ainsi préparé. Philippe insère patiemment les fibres de chanvre dans les fentes, entre les planches et le bois de la pirogue.

Le quatuor se sépare pour le déjeuner puis revient travailler. À quinze heures, la pirogue est rafistolée. La pose du mastic prend deux heures, puis chacun s'en retourne.

— Tu viens te baigner avec nous? propose Rima à Nosy.

— Non.

— T'as du boulot?

— Non, ce n'est pas ça. La plage c'est pour les gens de l'hôtel. Si on me voit trop souvent là-bas, mon père va avoir des problèmes.

Le trio reste coi, chamboulé par ces paroles. Louise se crispe, hésite entre colère et gêne, et cet état la paralyse. Nosy le sent et leur sourit.

— Oh, ça va, pas de souci, c'était top comme journée! Demain, neuf heures, c'est bon pour vous?

Rima s'empresse d'acquiescer.

— Yes, j'ai adoré !

— Merci, j'ai hâte de naviguer sous tes ordres ! ajoute Louise avec un doux sourire.

L'au revoir est chaleureux et les vacanciers achèvent cette inédite journée dans l'eau tiède du lagon.

La nuit est belle et le réveil facile. Philippe, levé tôt, présente à Rima et Louise le croquis de la pirogue qu'il a dessiné ce matin, et propose un nom pour leur embarcation : *Nosy*.

— Phil, si tu lui proposes ça, elle va penser que tu la demandes en mariage !

— N'importe quoi ! C'est juste que c'est sa pirogue, c'est un égard, c'est tout !

— Phil, moi ça me va, mais c'est quand même un peu gros comme approche !

Les filles rient et il leur balance son croquis froissé en souriant.

— Débrouillez-vous pour trouver un nom ! On file, c'est l'heure.

Le chantier reprend joyeusement. À dix heures, deux gros bambous traversent la pirogue. À midi, le balancier est posé. À quatorze heures, le quatuor s'affaire sur les finitions. Le papier de verre crisse et le bambou chante. Philippe ne se remet pas du travail accompli et sifflote tel un pinson.

— Nosy, je savais que je te trouverais là.

Elle se fige et ses amis reconnaissent le serveur, son père.

— Tu termines et tu rentres.

Elle reste silencieuse mais Philippe, Rima et Louise perçoivent la dureté du regard que père et fille échangent.

L'atmosphère s'effondre d'un coup.

Il s'éloigne et, sans se retourner, lance aux jeunes :

— Faut rééquilibrer le balancier, il est trop près du corps de flottaison.

Le silence dure, et Nosy se reprend : le balancier est déplacé et la pirogue achevée repoussée dans les buissons.

— Manquerait plus qu'on nous la vole !

La pirogue est splendide et Philippe, Rima et Louise ont une amie. À bord de leur embarcation, ils sont en mesure d'approcher enfin du pays des cachalots. Par leurs propres moyens.

Mais leur joie est contrariée par la relation complexe entre Nosy, son père et son travail à l'hôtel. Ils craignent de la perdre, déjà, et mesurent l'absurdité de certaines choses du monde.

Leur désir de rencontre est une nouvelle fois entravé, malgré tant d'efforts et de vitalité. Et puis le temps file, presque la moitié des vacances s'est écoulée sans le moindre cachalot à l'horizon.

Louise quitte la table de la paillote et laisse les deux autres pour rejoindre sa mère sur la plage.

— Qu'est-ce que c'est que cette tête d'enterrement, Loulou ?

Partagée entre l'envie d'exprimer sa tristesse et la crainte d'éventer le projet pirogue/canal/cachalot, celle-ci ne livre qu'un récit à trous.

Sa mère lui sourit, attendrie autant qu'amusée par ces explications grossièrement lacunaires.

— Et votre pirogue, elle est finie ?

Louise écarquille les yeux, puis balbutie :

— Comment tu le sais… ?

Sa mère poursuit, son sourire toujours en coin.

— Loulou chérie, c'est très chouette ce que vous faites. On a confiance en toi, OK ?

La jeune fille reste muette, émue par l'attitude de sa mère, qui reprend :

— Ton père a bien discuté avec le serveur, hier soir. C'est le père de votre nouvelle amie, mais ça, tu le sais.

Elle se lève d'un coup.

— Ces foutus moucherons commencent à mordre, c'est l'heure de plier…

La nuit est étrange. Rima ronfle, agitée parfois de soubresauts. Louise, troublée par les paroles de sa mère et en frontière de songe, croit entendre Philippe parler à sa dent de cachalot.

7

Grand bleu

Il est tôt. La lumière est splendide, pas encore bouillie par le soleil. Une brise dresse les poils de Louise qui, comme tous les matins, file au réveil saluer l'océan, les pieds dans l'eau. Elle rejoint les autres à la paillote et le petit déjeuner est pris en famille élargie. Rima, vaseuse, mais à l'aise avec les parents de son amie, ose une complainte :

— J'aurais bien dormi un peu plus...

Philippe, la bouche pleine, s'y met aussi.

— Il y a des gens qui mettent le réveil en vacances, je ne comprends pas...

Les parents pouffent, faussement interloqués.

— Loulou chérie, tes amis sont bien ingrats. On pensait pourtant que ça vous plairait d'aller voir les baleines...

Les bouches cessent de mâcher et les langues de laper. Les regards stupéfaits se tournent vers Louise, qui partage l'incompréhension de ses amis.

— Ça veut dire quoi ?

— Ça veut dire que vous partez dans une demi-heure.

— On part où ?

— Au large, avec Marc.

Rima s'agace de tant de mystère.

— C'est qui, Marc ?

— Le père de Nosy.

Les adolescents comprennent enfin et désertent la table.

— Attendez…

La mère de Louise se tait et regarde son mari, tous deux sont attendris par l'empressement général et ravis de l'effet de leur surprise.

Une demi-heure plus tard, Rima, Philippe et Louise sont sur le ponton de la pointe est. Ils scrutent les premiers bateaux qui s'engagent dans la passe. L'un d'eux courbe sa trajectoire et pointe vers eux.

— C'est Nosy et son père !

Tous les trois s'agitent de contentement et ricanent nerveusement.

La pirogue à moteur se colle au ponton, Nosy grimpe sur les planches et fixe les deux bouts pour l'amarrer.

Marc observe les collégiens d'un œil sévère, ce qui les calme, puis ouvre la bouche.

— Vous avez votre équipement ?

Les trois jeunes humains, dociles comme des bébés, lui présentent masques, palmes et tubas.

— Ce sont des palmes de mouettes, ça. Dans le bleu, faut des grandes voilures.

Nosy ricane et son père aide Louise, Rima et Philippe à monter dans la pirogue. Celle-ci repart et prend le chemin de la passe, s'y engouffre et déboule dans l'océan, le vrai, celui qui vit au-delà du lagon, loin de la terre.

— T'as vu le bleu, il change tout le temps, devient de plus en plus foncé !

Rima acquiesce et demande :

— Y a combien de fond ?

— 300 mètres, peut-être… répond Nosy.

— C'est presque noir, maintenant, je n'ai jamais vu de bleu noir, c'est trop beau !

— Y a combien de fond ?

— 500 mètres.

— C'est fou, on est plus loin du fond que de la côte… souligne Philippe.

Rima et Louise le regardent avec pitié.

— Waouh, l'émotion de geek !

Elles rient, puis Rima relance :

— Y a combien de fond ?

— Je ne sais pas, 600 mètres peut-être.

Des exocets* décollent à la proue du bateau et volent à ras de surface. Le trio s'agite, excité par le manège des poissons volants.

— Les gosses, vous vous calmez un peu et vous restez assis.

La voix est dure, comme à son habitude. Les trois amis reprennent sagement place sur les traverses, en mimant la contrition à Nosy qui pouffe.

Une minute plus tard, Rima murmure :

— Y a combien de fond ?

C'est la voix sèche qui lui répond :

— Dans dix minutes, on sera à 900 mètres de fond. C'est plus la peine de demander.

Les yeux s'illuminent, les pupilles brillent. 900 mètres de profondeur, c'est aussi loin que la Lune.

Louise, empreinte d'une joie sourde, ne décolle plus les yeux des nuances de l'océan qui

* Poissons volants, qui sautent hors de l'eau grâce à leurs nageoires pectorales et peuvent ensuite planer dans l'air quelques secondes.

s'étend juste sous elle, sous sa pauvre planche de bois. Rima scrute l'horizon aux jumelles, à la recherche de souffles. Philippe sort de sa rêverie et ose :

— Vous avez un hydrophone, monsieur ?

Marc réduit les gaz en guise de réponse, laisse les vagues arrière soulever la pirogue, et coupe le moteur. Un léger clapotis enrobe l'embarcation et ce silence, teinté de bleu, terrasse Louise, dont les yeux se mouillent.

Le silence s'éternise.

— Rima, pose tes jumelles, dit enfin Marc. Tu repères les souffles à l'œil et tu prends les jumelles après. Faut laisser faire ton œil. La jumelle, ça le tue, ça réduit le monde à un tout petit point. Tu ne repéreras rien. C'est entre tes yeux et l'océan que ça se passe, laisse-les faire. Pour une fois que tu as de l'espace, laisse-les jouer.

Elle sourit. Il regarde Louise avec une curieuse étincelle dans le regard.

— Faut que tu relèves la tête. Je comprends, je sais ce que ça fait. Mais cherche les souffles avec nous, on verra le bleu après.

Enfin il s'adresse à Philippe, qui n'en mène pas large.

— L'hydrophone, c'est bien. Je fais partie du Réseau Cétacés, je suis bénévole. Mon job, c'est de faire des observations sur différents sites. J'en ai cinq, avec celui-ci. On reste là, on attend, on voit ce qui passe. Je transmets mes données aux autres membres, et ils prennent le relais si mes observations les intéressent. Ceux qui travaillent sur le langage ou les rapports entre membres d'un même clan vont utiliser l'hydrophone et les enregistreurs. Nous, on attend, on regarde et on note ce qu'on voit.

Nosy pointe un doigt vers l'horizon et Rima ne peut s'empêcher de crier :

— Souffle !!!

Elle prend ses jumelles et cherche la netteté. Marc intervient.

— Baleine à bosse. C'est rare à cette période.

Louise est ébahie.

— Comment tu la reconnais d'aussi loin ?

— L'habitude. Ça fait dix minutes qu'elle est dans notre champ de vision. Sa trajectoire passe au large.

Il saisit une tablette et entre les données.

Rima passe les jumelles à Louise. Philippe hérite fièrement de celles de Marc.

Puis plus rien pendant une heure. Le grand calme. Des bateaux à moteur, quelques frégates*

* Oiseaux de mer aux ailes effilées, à la queue fourchue et au long bec. Ils ont pour habitude de piller la pêche d'autres volatiles, ce qui leur vaut le surnom de « pirates ».

dans le ciel, une fumée sombre à l'horizon, sur l'autoroute des porte-conteneurs, le clapotis qui berce, mais aucun souffle.

— On va rentrer.

— On peut se baigner ? se risque Rima.

— On a amené notre équipement, appuie Louise. De mouettes.

Marc les dévisage.

— Un quart d'heure.

L'empressement qui s'ensuit fait tanguer la pirogue et l'agace. Une minute trente plus tard, les jeunes sont sous l'eau.

Ils plongent, remontent, redescendent, remontent. Philippe vrille à six mètres de profondeur et fend toujours la surface à bout de souffle. Rima peste :

— Pfiouuu, j'arrive pas à descendre, ça me fait mal à l'oreille !

Nosy la rejoint.

— Décompresse plus souvent. Bouche ton nez et souffle. Ça arrive quelquefois, tu ne sais pas pourquoi ça coince. Force pas, hein !

Louise évolue dans le grand bleu, dissoute dans le merveilleux, au milieu des particules en suspension, étoiles allumées par le feu des rayons solaires qui se perdent dans le noir des profondeurs. Elle slalome entre les rais de lumière et s'arrête parfois pour admirer la grâce de Nosy, son aisance dans l'eau et l'efficacité de ses palmes à longue voilure.

Le plaisir est indescriptible, aussi physique que mental, puisque flotter à 900 mètres du sol est un privilège. Rima, Philippe et Louise se le disent en surface, épuisés par ces dix minutes de plongée frénétique. Nosy persiste sous l'eau puis retourne à la pirogue.

— Dad, ça clique.

— Clics* de fond ? Ça doit chasser pas loin.

Il enlève son T-shirt, s'assied sur le rebord de l'embarcation, enfile ses interminables palmes, plaque un masque sur son visage, bascule en arrière et disparaît sous la surface.

Le trio reste coi, impressionné par sa maîtrise.

— Qu'est-ce qui se passe ? s'inquiète Rima.

---

* Un clic est un claquement sec produit par les cachalots. C'est un son puissant, émis par le melon, qui s'entend de très loin et constitue la base de leur langage.

— J'ai entendu des clics.

— Des clics de cachalot ?

Nosy sourit.

— Yep.

Les amis se pressent et remontent à bord. Leurs yeux scannent la surface, l'espace divisé en quatre parts.

Louise s'inquiète.

— Ton père ne remonte pas…

Nosy rit.

— T'inquiète ! Il a des poumons de baleine.

Philippe ajoute :

— Il n'a pas pris son tuba.

Rima se moque.

— Le tuba, c'est pour la surface, patate, pas pour respirer sous l'eau !

Marc remonte enfin et se hisse dans le même mouvement.

— Bien vu, Nosy. Un cachalot chasse dans les profondeurs, c'est lui qui clique. Le reste du clan est sans doute resté en surface. Vous les voyez ?

— Non.

Il renfile son T-shirt, jette un œil à l'horizon, puis annonce :

— Ça se passe de ton côté, Philippe.

Tous les yeux se tournent vers son quart et finissent par repérer les souffles penchés des cachalots. Les jumelles passent de main en main.

Le silence règne, la joie est interne, retenue, de peur d'effaroucher les géants qui continuent d'approcher.

Soudain, l'un d'eux se cambre, sort sa queue d'un noir intense de l'eau, puis sonde. Marc rit.

— N'oubliez pas de respirer, les *kids* !

— C'est qui ? sourit Rima.

— Mélanie. On la reconnaît à sa couleur très foncée. C'est un membre du clan de Tsara. Ça faisait longtemps qu'on ne les avait pas vus par ici.

Un autre cachalot sonde et libère l'admiration sonore des jeunes observateurs. Sa nageoire caudale ruisselle au soleil avant de quitter l'air pour les profondeurs. Les autres individus, restés en surface et curieusement regroupés, prennent le large. Leur melon est perceptible, juste sous la surface. Leur nageoire dorsale est minuscule au regard de la taille de ces mammifères. Leurs déplacements sont paisibles, calmes, tempérés, comme nulle part ailleurs sur terre. Les cœurs battent lentement, ça se sent.

Louise hésite, puis se lance.

— On peut aller les voir, Marc ?

Il la regarde, secoue la tête. Sa bouche se crispe d'un spasme de frustration et elle ne peut s'empêcher d'insister.

— *Please!*

Il lui sourit pour la première fois et, d'un coup de menton, l'invite à se retourner.

Elle tourne la tête et découvre, à trente mètres de la pirogue, un autre type d'aileron.

Elle réprime un cri qui attire les autres.

Requin.

0
5
10
15
20
NAGEOIRE DORSALE
ŒIL
ÉVENT
MELON
NAGEOIRE CAUDALE
NAGEOIRE PECTORALE
DORTOIR

Les cachalots en surface suivent une trajectoire qui les éloigne paisiblement du bateau. Le soleil tape, l'hélice farfouille dans le bleu, les humains ne disent rien. Leur monde s'est encore augmenté, ce matin, pour accueillir ces paisibles géants.

POSTS

Philippe : Cachalots pour tout le monde !

Hanna : Bravo ! Vous avez nagé avec eux ?

Rima : Non, on les a vus passer devant nous.

Louise : Ce n'était pas vraiment une rencontre, mais on était chez eux ! C'était trop beau de les voir nager dans le grand bleu !

Clara : C'est un premier pas vers la rencontre. Un préalable.

Akeko : Des clics ?

Rima : Demande à Nosy, c'est elle la pro ! Moi j'ai rien entendu, j'avais l'oreille en vrac !

Nosy : Des clics, au début. Des clics de fond. Un des cachalots chassait dans les profondeurs. Après, on est remontés sur la pirogue.

Philippe : Tu m'étonnes, y avait un requin océanique, un longimane, qui tournait !

Akeko : On est quelques-uns à aimer les requins, on pourrait former une équipe ?

Philippe : Sans moi, les gars ! Des nouvelles des foufous de la tourbière canadienne ?

Hanna : Ils n'ont pas le Wi-Fi, dans la sphaigne* !

Philippe : Ha ha ! On teste la pirogue demain, direction l'îlet puis le canal.

Clara : Pensez à la bassine pour écoper !

Philippe : Merci de ta confiance...

* La sphaigne est un genre de mousse que l'on rencontre dans les tourbières. Les différentes espèces de sphaignes forment d'épais tapis gondolés, gorgés d'eau, qui flottent même parfois en radeaux instables, les tremblants.

8

L'îlet Paille-en-Queue

— On entre dans la deuxième semaine de vacances, ça craint… déplore Rima.

— Grave. J'ai trop envie de retourner guetter les cétacés avec Marc, soupire Philippe.

— Je l'aime bien, il me fait rire à faire son méchant, mais je crois qu'on l'agace un peu.

— C'est clair, il fait ça pour Nosy, pas pour nous, confirme Louise.

Philippe s'essuie la bouche.

— On s'en fiche de tout ça, il nous a amenés, il nous a expliqué des choses, il a été patient. Je lui en suis super reconnaissant. Il nous a présenté Mélanie et le clan de Tsara, c'est énorme !

— Je sais, on ne critique pas, on dit juste que c'est un ours !

— Un ours des mers, ça n'existe pas. Un loup à la rigueur.

Louise lui fait une grimace, Rima se lève et quitte la paillote.

Trois quarts d'heure plus tard, ils sont quatre sur l'herbier aux déchets. La pirogue est sortie du buisson, puis mise à l'eau grâce à des rondins glissés entre le sable et la coque, pour la faire rouler.

Tenir à quatre leur prend vingt minutes, tant la place est limitée, et les fous rires intenses. Le balancier tient bon, les premiers coups de pagaie fendent l'eau. Rima gère à l'avant, première pagaie. Louise et Philippe, passagers assis sur de fines planches, profitent du transport. Nosy, pagaie arrière, gère la locomotion et le gouvernail. Elle compense l'irrégularité des coups de Rima et assure la trajectoire, qui les mène droit vers la petite plage de l'îlet Paille-en-Queue.

La traversée est plaisante, fond nu, herbiers et patates défilent sous l'embarcation. Puis le bleu forcit, indiquant une plus grande profondeur.

— Y a combien de fond ?

— Trois mètres, mais rame plus fort, y a une remontée d'eau.

Louise interroge :

— Une remontée d'où ?

— L'eau vient du canal et circule sous le sable. Parfois c'est comme du gruyère, par ici.

Le fond remonte et la troupe débarque sur le sable fin de l'îlet.

Chacun loue la beauté du lieu, exprime aussi le plaisir d'y être seuls et surtout d'y être parvenus par leurs propres moyens, à bord de cette pirogue ressuscitée.

Le tour de l'îlet est vite fait. Au sommet, qui culmine à vingt mètres au-dessus de l'eau, ils savourent une collation : coco sec, bananes séchées, goyaves et tamarin.

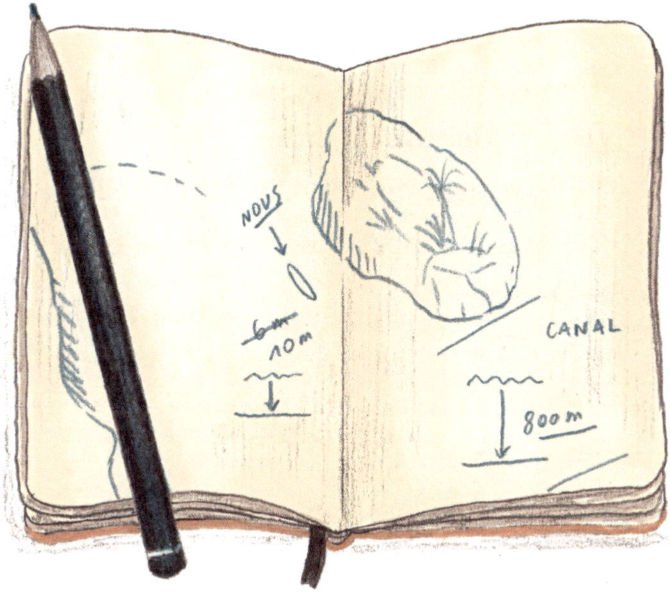

Philippe dessine ce qu'il voit devant lui. C'est un croquis rapide qui sera repris à la paillote, avec nuances et précision. Il tourne la page et se lance ensuite dans la cartographie du lieu. C'est un autre type de dessin. Il trace les contours de l'îlet, les lignes du lagon et des côtes, laisse de la place pour le canal.

Tout en commentant, il affine sa carte.

— Je mets des hachures pour la plage, ça montre que ce n'est pas profond.

— Y a combien de mètres, vers la petite passe qu'on devine là-bas ?

— Six mètres ? tente Louise.

Nosy corrige avec douceur :

— Dix mètres, plutôt. On dirait qu'il y a six mètres, mais l'eau est très claire aujourd'hui, c'est trompeur.

Rima siffle.

— Et ça descend comment, dans le canal, une fois qu'on y est ?

— Je ne viens pas souvent par là, je ne sais pas trop, mais ça tombe super vite je crois. Cinq cents mètres peut-être.

— Huit cents mètres, corrige Philippe.

Louise tape dans ses mains.

— Si des cétacés passent par là, on ne peut pas les louper. Super poste d'observation d'ici. On teste la pirogue dans le canal ?

Silence.

Rima fixe Nosy d'un air interrogateur.

— Nosy ?

Elle sourit.

— Ça se tente, mais on ne s'éloigne pas, je ne maîtrise pas les courants.

— Tant que tu maîtrises la pirogue… dit Philippe.

Nosy le fixe avec une lueur d'effroi dans l'œil, surjouant la crainte. Tout le monde rit, parce que c'est excitant autant que terrifiant. L'embarcation longe l'intérieur de la barrière de corail jusqu'à la petite passe aperçue depuis le rocher. Tout est bien, la passe est suffisamment large pour glisser du lagon vers l'océan. Des goélands et des sternes flottent dans le ciel. La pirogue vire de bord et s'engage dans la trouée. À peine y est-elle entrée qu'elle est violemment aspirée vers le large. La vitesse augmente et l'embarcation quitte la passe à vive allure, comme happée vers le canal, crachée vers le large. Le bois craque et l'eau se fait dure.

— Wow wow wow, c'est quoi ça ?

— Ouah, y a un courant de dingue, on ne dirait pas, vu de là-haut !

Nosy est crispée et son ton sec rappelle celui de son père.

— C'est pire que ce que je pensais… On ne bouge pas, c'est pas le moment de chavirer…

Le silence se fait sur le frêle esquif où, depuis son poste arrière, elle donne ses ordres :

— Rima, rame à droite, à fond !

Celle-ci s'exécute et rame de toutes ses forces.

— Gauche, gauche, voilà... Stop !

Philippe a froid, il s'inquiète :

— On s'éloigne super vite...

— Gauche ! À fond !

Rima se plie aux consignes avec une telle discipline que Louise la suspecte de prendre plaisir à ce vilain moment.

— Droite, droite ! Voilà, plus doucement !

— Pourquoi tu files en ligne droite ? Faut revenir vers la barrière...

Nosy ne répond pas et continue de balancer ses consignes.

— Gauche ! Stop ! Super, gauche, gauche !

Philippe blanchit et Louise observe, fascinée, la chute du bleu qui vire au pétrole. Nosy se relâche un peu puisque la force du courant diminue enfin, si elle en croit sa pagaie, contact sensible entre elle et l'océan. Elle jette un œil à l'équipage et s'inquiète des couleurs de son passager, dont le regard fixe la barrière déjà si loin.

— Ça roule, tout est OK ! Droite, droite, super, stop !

La pression sur sa rame redevenue acceptable, elle annonce :

— C'est bon, on en sort, bravo Rima !

Nosy répond au sourire de fierté de sa première pagaie et invite l'équipage à souffler.

— Le courant en sortie de passe était trop fort pour nous, Philippe. Si on avait tenté de revenir à la barrière, on chavirait dans le virage. Fallait le suivre jusqu'à ce qu'il s'épuise. Là, c'est cool, c'est plus tranquille. Ça va, Louise ?

— Yes, j'ai eu un peu peur mais ça va, bravo les pagayeuses ! C'est fou ce bleu…

La pirogue remonte et longe l'îlet. La navigation est paisible, le courant constant mais modéré. Nosy reste concentrée, à l'écoute de sa pagaie et de toute variation de l'eau.

Rima pose parfois la pagaie pour un tour de jumelles. Elle alerte bientôt la bande.

— Y a de l'écume, là-bas, au milieu du canal.

— C'est le courant.

— Je ne sais pas…

Elle tend les jumelles à Louise, qui confirme les doutes de son amie.

— C'est très localisé et ça avance vers nous.

Philippe tente de se relever, la pirogue tangue.

— Phil, reste assis !

— Excuse, j'ai oublié… Tu me passes les jumelles ? Ce n'est pas le courant, on dirait des dauphins, y a des trucs gris.

Nosy hèle Rima et modifie la trajectoire. Dix minutes plus tard, une trentaine de dauphins escortent le bateau. Leur compagnonnage joyeux et tumultueux fait décoller les quatre humains et les emporte loin de la pirogue, du canal, des vacances et de la crainte du courant, des parents, de l'îlet, de l'heure du repas qui approche et du temps qui passe… Il les emporte au cœur du monde, et, l'espace de quelques minutes, les aventuriers aussi sont des dauphins. Un cétacé bondit hors de l'eau et retombe à trois mètres d'eux dans un fracas d'écume. D'autres l'imitent et les navigateurs applaudissent. La joie de ce moment est si intense que leurs bouches s'entrouvrent pour laisser sortir ce que le corps ne peut encaisser, sous peine d'exploser. Puis le groupe de cétacés s'éloigne d'un coup et vire au large. Disparus aussi soudainement qu'apparus, les dauphins laissent les marins hébétés.

Louise applaudit et tape dans la main d'un Philippe aux couleurs retrouvées.

— Trop cool… Ils sont moins farouches que les cachalots !

— Si on les avait chassés comme on a chassé les cachalots, ils seraient tout aussi méfiants…

Le quatuor revit en paroles et en rires ce rêve partagé, puis heureux s'en revient à ses pagaies. Nosy fait le point.

— On ne pourra pas rentrer par la petite passe, le courant empêche l'accès au lagon dans le sens du retour. Faut rejoindre la grande passe, de l'autre côté de l'hôtel. Le courant est moins fort là-bas, c'est plus large.

Les pagayeuses pagaient, Philippe dessine les dauphins, par crainte de voir ce souvenir s'évanouir trop vite, et Louise laisse traîner sa main dans l'eau, pensive.

La grande passe s'ouvre enfin et le courant permet à la pirogue de pénétrer dans le lagon. Elle glisse au large de l'hôtel et Louise devine ses parents assis à l'une des tables de la paillote.

— Aïe, ils sont déjà à table, on va se faire défoncer. Ça craint…

Elle fait coucou de la main et reçoit les mêmes gestes en retour.

— Ils nous ont vus…

Nosy propose :

— On a perdu plein de temps, il est tard… Je me rapproche, vous sautez et rejoignez l'hôtel à la nage, ça ira plus vite. C'est bon, y a que du sable.

— Mais toi ? s'inquiète Rima.

— Je file à l'herbier, après ce qu'on a vécu, c'est de la navigation de mamie. Ça ira, t'inquiète. Je vous ramènerai vos affaires plus tard.

La pirogue force sur le balancier à la descente de Rima, de Philippe et de Louise. Plus légère, elle reprend son doux survol des eaux paisibles du lagon.

Le trio, trempé, est accueilli à table sans fâcherie. Les parents écoutent avec plaisir les récits du pique-nique et des dauphins, mais un point est prévu au retour de la sieste. Un point sécurité. Un point confiance, comme le précise la mère de Louise.

9

Temps morts ?

Le ciel est lourd ce matin, chargé de gros nuages. Leurs reflets grisent la surface du lagon.

— Vous êtes sûrs de ne pas vouloir venir à la capitale ?

— Yes mam', on préfère rester ici.

— OK. Vous ne prenez pas la pirogue, y a de la houle ce matin, c'est compris ?

— Yes mam'…

— Pas de baignades non plus ?

— Yes mam', on a entendu…

— Super. Bon, à tout à l'heure.

Louise et Philippe sirotent leur eau de coco à la paillote.

— Si le mauvais temps persiste, c'est mort, dit-elle.

— Yep…

— Tu crois que Marc voudra encore de nous, Phil ?

— Je ne sais pas trop. Je ne sais pas s'il a prévu d'autres sorties.

— Je ne parle pas de ça, grimace Louise. Mes parents ont été cool, hier. Je pensais qu'on allait se faire allumer après notre virée en pirogue, mais non, pas trop.

— Tes parents sont compréhensifs. J'imagine qu'ils tiennent leur rôle de parents, mais je n'ai pas eu l'impression qu'ils étaient vraiment fâchés. À un moment, je me suis dit qu'ils étaient même contents pour nous, qu'on vive des trucs comme ça.

— Peut-être… En même temps, on n'a rien fait de mal !

— Non, mais on aurait pu avoir quelques soucis… nuance-t-il. Si Nosy n'avait pas été là, on aurait pu couler avec la pirogue…

— C'est vrai. Quand même, c'était fou ce moment, non ?

Il sourit en guise de réponse, puis soulève la lourde dent.

— Et pour les cachalots, on fait quoi ?

— Ça dépend de Marc. Faut voir ce qu'il a dit à Nosy, si mes parents lui ont parlé de notre sortie au canal. Il semble tellement plus sévère.

— Il est sec, mais ça ne veut rien dire. Regarde-toi, t'es toute rigide mais t'es super chouette !

Ils rient tous les deux.

— T'es trop bête !

Rima les rejoint enfin, les cheveux en bataille et l'œil droit gonflé.

— Qui est bête ? Philippe ?

Ils la regardent et Louise ouvre le bal.

— T'as rêvé de Mike Tyson, cette nuit ?

— C'est qui ?

— Un boxeur. Ton œil est tout gonflé !

— On dirait le poisson de roche qu'on a vu vers la passe, celui avec le gros ventre et les petits yeux globuleux, hein Louise ?

Ils gloussent, mais Rima s'installe sans réagir à leurs vannes.

— Maudit moustique… Il restait de la place sur les chevilles, pourquoi il a choisi la paupière ? Y a pas de sang à prélever là-dedans… Vous avez déjeuné ?

— Yep. T'as vu le temps ?

— D'un œil, ouais. C'est pourri.

— Tant qu'il ne pleut pas, ça va.

Une heure plus tard, ils sont encore là. Philippe dessine un dauphin qui saute et Louise traîne sur les sites Internet dédiés aux cachalots, en particulier ceux des Mascareignes. Rima sort son portable.

Angeliz : Il reste des koalas dans la forêt épargnée ! On en a vu deux cet aprèm, à la cime des arbres ! Ils ont l'air tout doux !

Rima : C'est bien le problème !

Angeliz : Ouais, je sais... On reste ici trois jours, j'espère qu'on va en croiser un pas perché trop haut. On va se coucher, on est nazes et on a les yeux cramés. Ça fatigue, de chercher des petites boules grises dans les feuilles d'eucalyptus...

Zeng : Ils sont de la même couleur que les troncs, en plus. Et vous, Rima ?

Rima : Mauvais temps, on part bientôt... On dépend trop des autres pour aller dans le monde des cachalots...

Angeliz : Mais votre pirogue ?

Rima : Elle est géniale, on a vécu un moment de fou dans le canal, mais on s'est un peu grillés, en termes de sécurité...

Clara : Évidemment... Faut pas faire n'importe quoi en mer. Il vous reste combien de temps ?

Rima : Cinq jours.

Clara : C'est largement suffisant, j'ai confiance !

Louise interpelle Rima :

— Écoute ça !

Elle lui passe son portable où crépitent des clics de cachalots.

— C'est fou ces claquements, hein… C'est super puissant en plus…

Rima sourit à l'écoute des sons qui se déroulent en séquences rythmées.

— Ça, c'est une coda, un ensemble de plusieurs clics. C'est pour communiquer. Il existe des dialectes différents, tu savais ?

— Non, c'est dingue…

Louise reprend le portable, sélectionne quelque chose puis le lui rend.

— Attends, écoute ça !

Le crépitement est tout autre, répétition très serrée d'un clic.

Philippe annonce, sans relever la tête de son travail :

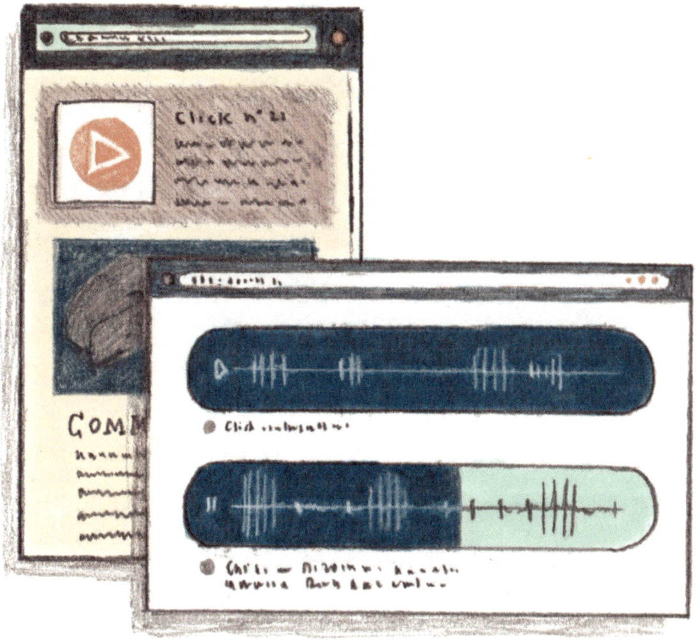

— C'est un creak*.

— Yes ! On dirait les stridulations d'un grillon trop speed !

— C'est génial, comme langage…

Louise, exaltée par ces sons, reprend son portable.

— Je propose qu'on se divise en deux groupes.

Rima la regarde, surprise, et Philippe relève la tête.

---

* Intense série de clics qui se succèdent tous les dixièmes de secondes. Le creak est parfois utilisé par les cachalots pour scanner ou inspecter les environs.

— Depuis l'îlet, on peut repérer des cachalots à la vue s'ils passent dans le canal. Mais on peut aussi les louper, on n'a pas les yeux de Marc ou de Nosy. Il faut aussi écouter sous l'eau, pour les repérer grâce à leurs clics de fond. S'il y en a qui chassent en profondeur, on les entendra.

Silence.

— C'est la seule option si on veut les rencontrer, reprend-elle. J'imagine qu'on est grillés auprès de Marc, il ne reste plus que la pirogue et l'îlet.

Elle parle vite et continue son monologue :

— On file à l'îlet. Deux d'entre nous montent sur le rocher et guettent aux jumelles, les deux autres vont dans le canal en pirogue et écoutent sous l'eau, pour repérer des clics s'il y en a. Deux chances, on ne les loupera pas s'ils sont dans le coin.

— Oui, mais on n'a pas d'hydrophone, déplore Philippe.

— Pas besoin, Nosy entend très bien sous l'eau, tu te rappelles comme elle a repéré les clics ?

Il sourit.

— Je n'aime pas l'idée qu'on se sépare, intervient Rima, mais c'est vrai qu'on n'a plus trop le choix… Je peux faire partie de l'équipe du canal ?

— Demande à Phil ! dit Louise avec malice.

Il fait une moue puis acquiesce. Il récapitule :

— Louise et moi aux jumelles sur l'îlet, Rima et Nosy dans le canal, ça marche. On y va demain, vers sept heures.

Le trio est joyeux, relancé pour la énième fois, convaincu par ce plan de la dernière chance.

— Rima, il faut que tu écoutes des clics, des creaks et des codas toute la journée, pour bien repérer les cachalots et interpréter leurs sons.

— T'inquiète, c'est Nosy la star, moi je serai son chauffeur ! Balance le son !

Louise sélectionne des enregistrements sur son portable et le lui donne.

Tout à leur projet, dans leur cocon de clics et de creaks, ils n'ont pas vu leur amie approcher. C'est Philippe qui l'a sentie le premier. Il relève la tête.

— Nosy !

— Hello ! J'ai entendu des clics alors je suis venue !

Les filles sourient de toutes leurs dents.

— Tu t'es fait engueuler ? demande Louise.

— Ça va, pas trop.

— Mes parents ont tout raconté ?

— Ils étaient un peu inquiets…

— Les balances !

Nosy sourit.

— Ça va, c'était bienveillant de leur part.

— T'es punie ?

— Non, j'ai eu le droit à un gros rappel des règles, mais sinon ça va ! Mon père sait que ce n'est pas toujours facile pour moi, ici. Alors il me laisse un peu liberté quand il voit que je suis bien ou que je m'amuse. Et vous ?

— Pareil, répond Louise. On doit prévenir quand on part et leur dire ce qu'on va faire. Et puis les bouées, les gilets, tout ça… Mais pas de punition, ce n'est pas trop le genre.

— Ça me rassure. J'avais vraiment peur que tout s'arrête…

Les filles se détendent.

Rima reprend, exaltée :

— On a un plan à te proposer !

— Moi aussi ! Mon père sort sur l'un de ses spots, demain, pas trop loin du canal. Ça vous dit ?

Tous les trois la regardent, surpris par cette annonce. Nosy écarquille les yeux.

— Non, ça ne vous dit pas ?

— Si, évidemment, c'est génial ! se précipite Louise. Mais on ne pensait jamais retourner en mer avec lui, vu qu'on l'agace. Mes parents sont d'accord ?

Nosy sourit.

— Yes. En fait, question sécurité, vos parents préfèrent vous savoir avec mon père que dans une pirogue à la dérive dans le canal ! Et puis mon père vous aime bien. Quand il n'aime pas, ça se voit carrément !

Tous rient et se tapent dans les mains.

— Départ huit heures demain, sur le ponton, précise Nosy. Tu voulais proposer quelque chose, Rima ?

— Non, rien d'important, on verra ça plus tard… Tu connais bien le clan de Tsara ?

Nosy acquiesce et tend la main.

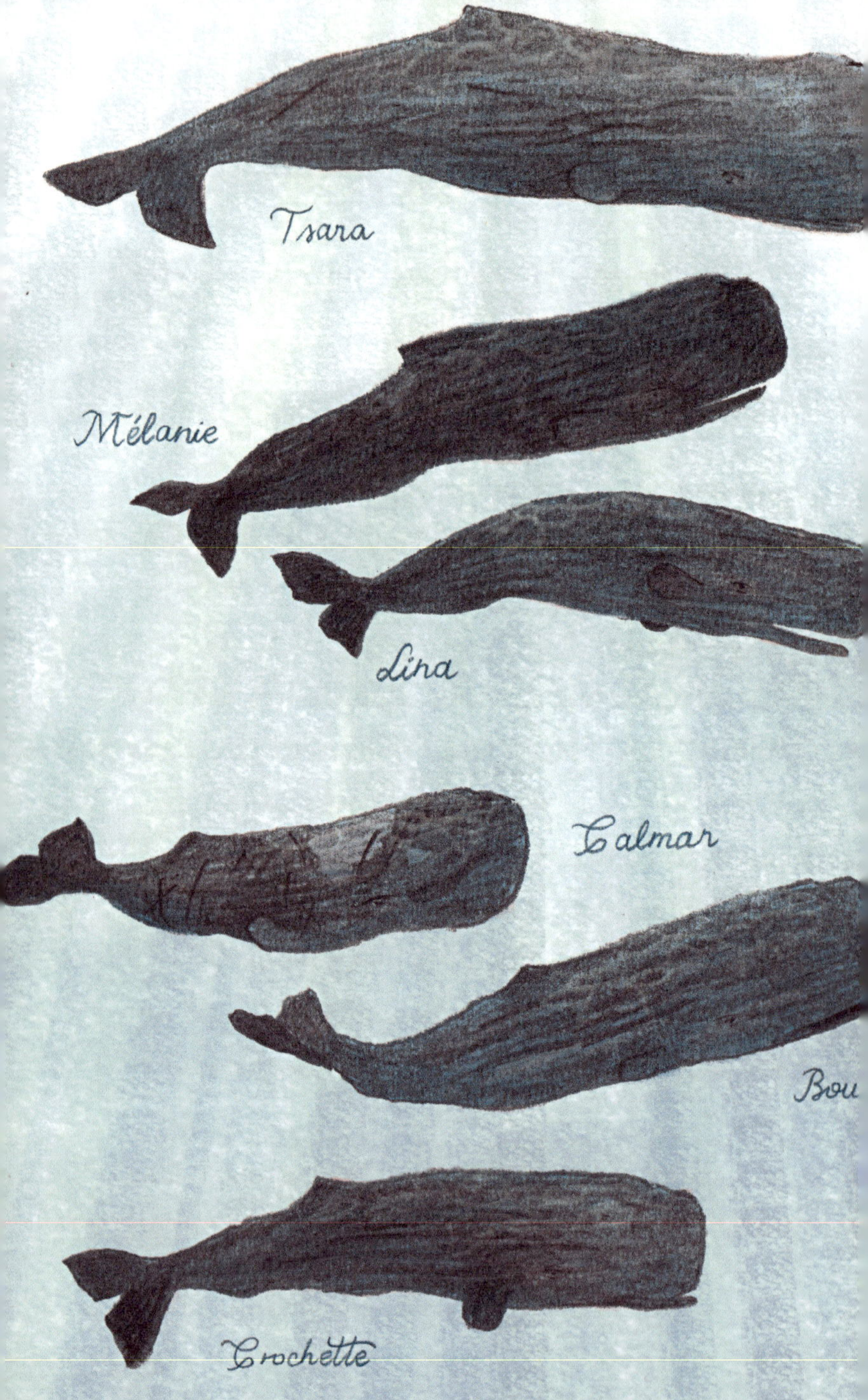
Tsara
Mélanie
Lina
Calmar
Bou
Crochette

— Je peux ?

Elle se saisit du portable, se rend sur un site dédié aux cétacés des Mascareignes et télécharge un document relatif aux cachalots qui croisent dans le secteur. Elle rend le téléphone et hèle Rima en quittant la dalle de béton :

— Mets de la citronnelle sur ta paupière, mais pas dans l'œil, hein !

Louise étudie le document et informe ses amis.

— En fait, faut savoir que les clans sont surtout constitués de femelles et de jeunes. Les grands mâles traînent ailleurs. Tsara, c'est une vieille femelle, la plus grande du groupe, elle mesure douze mètres de long. C'est exceptionnel, les femelles atteignent généralement dix mètres. Ensuite, il y a Mélanie, toute noire, celle qu'on a vu plonger. Il y a aussi Lina, et Calmar, un mâle immature. Apparemment, il doit son nom aux cicatrices qu'il a sur le corps : les scientifiques pensent qu'il s'est battu avec un calmar géant.

— C'est génial !

— Je n'imagine même pas ce qui se passe, lorsqu'ils chassent par mille mètres de fond…

Louise poursuit :

— Il y a Bouée, qui sort souvent la tête hors de l'eau pour observer la surface, et Crochette, qui se reconnaît à sa nageoire tordue.

Rima serre les dents et soupire.

— J'ai trop envie de les revoir, maintenant qu'on sait tout ça ! Surtout Calmar !

Le trio retourne au travail, le cœur empli de joie. Avec Marc, demain, ils seront de nouveau au plus près des cachalots. Auprès du clan de Tsara, si la chance leur sourit. Peut-être qu'ils ne croiseront personne, d'ailleurs, car l'océan est immense et les cétacés se déplacent. Mais ils guetteront, nageront et écouteront le chant des profondeurs.

Les clics crépitent sous la paillote, et la journée glisse sur la grisaille.

Les trois collégiens sont encore dynamiques au sortir du dîner. Cette journée paresseuse autant que studieuse ne les a pas fatigués. Leurs corps ont encore trop de jus pour aller dormir. Une promenade nocturne sur la plage s'impose. Ils cheminent, parlent de choses et d'autres, au son du ressac qui berce leur plaisir d'être là, au bord de l'océan, à la frontière du monde des cachalots, sous les étoiles à présent libérées de la poisse nuageuse.

Le trio chemine à fleur d'eau. Soudain Philippe s'arrête. Il se retourne et avise la large trace dans le sable, dépassée à l'instant.

— Vous avez vu ?

— Une trace de moto ?

C'est Rima qui comprend la première.

— Nan !

Elle remonte la trace, depuis l'eau jusqu'en haut de la plage. Une masse apparaît bientôt, trahie par des jets de sables.

Elle tombe à genoux, émue.

— Une tortue qui pond ! Je ne pensais jamais voir ça !

Louise et Philippe la rejoignent sur le sable, à distance raisonnable pour ne pas paniquer la femelle.

— On a trop de chance, c'est devenu exceptionnel par ici... Toutes les plages de ponte ont été abîmées par les hôtels, quand ce n'est pas le braconnage qui décime les œufs ou l'éclairage qui égare les bébés...

La tortue verte poursuit sa ponte laborieuse.

— Regarde les œufs, on dirait des balles de ping-pong !

— La pauvre, elle a tellement l'air de morfler. Elle doit être épuisée.

Louise lâche une larme, émue par cette créature si rude et ce moment privilégié. Elle hésite.

— Hé, vous pensez que…

Elle s'arrête.

— Quoi ? demande Rima.

— Non, rien.

— Mais si, quoi ?

— Je ne sais pas trop, vous croyez que je peux aller chercher mon père ?

— Pourquoi tu ne pourrais pas ?

— Je ne sais pas, on est entre nous…

Philippe coupe net.

— N'importe quoi, va le chercher si t'en as envie !

— Il rêve tellement de voir ça, il m'en a déjà parlé !

Elle se lève et court vers l'hôtel.

Quatre humains, dont un adulte, restent jusqu'au départ de la tortue. Son nid recouvert

de sable à coups de nageoires, elle regagne l'eau. Puis elle reste quelques secondes immobile, épuisée. Le liquide retrouvé, si souple et fluide au contraire du sable qui brûle encore ses yeux larmoyants, elle retourne dans le lagon, brouter dans les herbiers.

Le père de Louise, radieux, claque une bise sur la joue de sa fille, augmentée d'un doux murmure de remerciement.

10

Clic clic - clic clic clic clic clic clic

Cette nuit, Philippe a parlé. Louise en est certaine. Elle l'a entendu demander à la dent de leur accorder une rencontre et d'être tolérés par le clan de Tsara.

L'équipement de la joyeuse bande des navigateurs s'est enrichi de palmes à grandes voilures récupérées dans le conteneur. À huit heures dix, la pirogue à moteur file vers le large. Arrivé sur le site d'observation, Marc coupe les moteurs et la session débute dans la douceur matinale.

Vers dix heures, Marc se tend. Son œil, perdu au loin, se resserre.

— Nosy, tu vas écouter ?

Immédiatement, elle s'équipe et enfile ses palmes sous le regard envieux de ses amis.

— Les gosses, allez avec elle. Mais on écoute, vous nagerez après.

Les sourires s'allument et chacun se hâte. En trois minutes, ils sont dans l'eau. Accrochés d'un bras à la pirogue, le reste du corps sous la surface, ils écoutent.

Et ils entendent.

Pour la première fois, ils entendent des clics. Les claquements secs sont bien perceptibles, semblables à ceux qu'ils ont entendus sur Internet. Louise ressort la tête de l'eau et demande :

— Marc, ils sont où ?

— Éloigne-toi de la pirogue et écoute encore.

Elle rejoint Nosy qui enchaîne les écoutes à quatre ou cinq mètres de profondeur, bientôt imitée par les deux autres. Quatre jeunes humains captent les sons d'un ou de plusieurs cachalots en chasse, quelque part au fond de l'océan.

Les palmes à longues voilures permettent de descendre sans effort, et tous les quatre passent de longues secondes à cinq mètres, les poumons vidés pour ne pas remonter trop vite, offerts aux ondes et aux cliquetis.

Leurs oreilles, éduquées aux bruits humains, urbains, au son des musiques compressées,

aux bribes de conversations de voisinage, aux étourneaux criards des villes et aux corneilles des campagnes, révèlent ici leurs pleines compétences. Rima, Philippe et Louise écoutent, se forcent, se concentrent, se crispent, isolent les sons et modifient leurs positions pour orienter différemment leurs petits pavillons d'oreille. Ils se servent de l'ouïe comme ils ne l'ont jamais fait auparavant. Mieux, ils découvrent ce sens.

Les clics rythment le temps qui file, ce matin, par sept cents mètres de fond, dans le monde des cachalots.

Il y aurait tant de questions : où sont-ils ? Que disent-ils ? Est-ce qu'ils disent, d'ailleurs ? Est-ce qu'ils chassent ? Qu'est-ce qu'ils chassent ? Mais en cet instant, il n'y a plus d'interrogation. Il y a juste de l'écoute et de la disponibilité, et l'incroyable sensation d'être avec ces merveilleuses créatures sans les voir, de les écouter sans les comprendre. Car leur langue n'est pas la nôtre, elle ne peut être traduite en mots ni en phrases. Elle est tout autre chose.

Les palmes sont géniales et libératrices, elles ajoutent encore à l'éloignement de la terre. Car les jeunes humains, multipliant les respirations en surface et les écoutes immobiles, par cinq mètres de fond, n'ont plus le même corps. Résistant quelques secondes à la poussée d'Archimède qui sans relâche les repousse vers la surface, ils tournent et vrillent doucement dans le liquide, au gré des sons et des orientations d'oreilles, comme les cachalots le font souvent, nageant sur le dos ou flottant à la verticale, sans jamais être réduits à une seule posture, à une seule dimension.

La transe dure de longues minutes, puis cesse. Les sons se sont tus.

— Ils sont partis ?

— Non, ils sont peut-être remontés en surface.

La fatigue se fait sentir, on ne plonge pas trente ou quarante fois de suite sans y laisser des forces, et c'est à regret que le trio se stabilise en surface pour continuer l'écoute. Nosy, plus à l'aise que les autres dans l'océan, poursuit ses descentes. Elle rejoint bientôt ses amis et invite son père à plonger à son tour.

— Dad, ça clique en surface, mais y a des clics bizarres.

Il lui sourit et lui lance :

— Ils sont là-bas, je les vois. En surface aussi, y a un truc. C'est le clan de Tsara, mais j'ai cru voir un petit melon…

— Je te parle de ça, Dad, y a comme des clics-balises*.

Il acquiesce et se prépare.

— Remonte dans la pirogue, pour surveiller.

Tandis que Nosy sort de l'eau, Marc plonge.

Rima, Philippe et Louise suivent avec admiration sa descente. Sans même donner l'impression de palmer, il s'enfonce dans le bleu. Son corps s'est forgé au gré des plongées, apnée après apnée, depuis qu'il est petit. Son calme, sa maîtrise respiratoire et ses capacités pulmonaires lui permettent de tenir plus de trois minutes sous l'eau… Il est à plus de dix mètres, et descend encore. Enfin il se stabilise, lâche une flopée de bulles et cesse de bouger.

Louise, tremblante, a rejoint Nosy sur le bateau.

— Ça va ?

---

* Les clics-balises sont des clics répétés chaque seconde, souvent émis entre jeunes et adultes.

— J'ai froid…

— C'est la fatigue, faut dire que t'as pas beaucoup de graisse, non plus…

Elles sourient, puis Nosy pointe du doigt le groupe de cachalots, désormais bien visible à l'œil nu.

— Ils sont six, peut-être même sept.

— Comment ça, sept ?

— J'ai entendu des clics étranges, mon père confirmera, mais y a peut-être un jeune…

Louise se fige. Émue par l'annonce, ses yeux se mouillent. Elle s'excuse immédiatement :

— C'est la fatigue, et c'est dingue dans l'eau, à en pleurer, c'est comme si je n'étais plus humaine, ça fait trop bizarre…

Nosy lui caresse l'épaule en souriant et une larme roule sur la joue de Louise bleuie par l'immersion. Elle sourit et s'excuse à nouveau :

— C'est si beau…

Marc remonte enfin dans la pirogue, renfile son T-shirt et confirme.

— Y a bien un jeune. T'as vu quelque chose, Nosy ?

— Je n'ai pas bien regardé.

Il lui jette un regard d'incompréhension puis avise Louise :

— T'es toute blanche, prends une rasade de rhum, ça va te requinquer.

Elle le regarde, abasourdie.

— Ou des bananes séchées, si tu préfères, dit-il en lui lançant un paquet entamé, avant de retourner à son observation.

Les cachalots croisent à quatre-vingts mètres et les jets rythment leurs élégantes ondulations. Marc repose bientôt la tablette où il recueille les données et appelle les ados restés dans l'eau.

— Remontez dans la pirogue, on va essayer de les approcher.

Rima et Philippe grimpent illico et c'est un nouveau pic d'excitation. Les trois collégiens pensaient avoir vécu la rencontre de leur voyage, mais ce n'était qu'une approche, un préambule. La pirogue démarre et file plus au large, pour contourner le clan. Elle vire et accélère. L'excitation retombe en silence : on s'éloigne. Quelques minutes plus tard, Marc ralentit et coupe les moteurs. Il saisit les jumelles et observe les souffles. Il informe enfin son équipage :

— On est sur leur trajectoire, ils nous croiseront dans dix minutes. Rima, tu gardes les jumelles et tu essaies de repérer un petit melon. Philippe, tu sais te servir d'une caméra ?

Il écarquille les yeux, surpris.

— Oui ou non ?

— Je sais pas, quel type de caméra ?

Marc sort une caméra vidéo du bidon étanche. Philippe l'empoigne et immédiatement la teste. C'est un modèle basique, facile à manier.

— C'est bon, ça va le faire.

— OK. Tu filmes le clan, dès maintenant, et tu n'arrêteras de filmer que lorsqu'il nous aura dépassés.

Philippe sourit et s'éclate, le voilà qui enchaîne les travellings et les zooms sur la pirogue et ses occupants, tandis que Marc continue :

— Dans sept minutes, ils seront là. Louise et Nosy, à l'eau.

Louise enlève la serviette qui la réchauffait et se frictionne les bras.

— Ça va aller ?

Elle acquiesce d'un sourire qui se diffuse jusqu'à ses oreilles.

— J'ai vu comme une petite bosse, entre deux dos ! alerte Rima.

— Super, Rima. Continue. Dans deux minutes, tu rejoins les filles dans l'eau. Philippe, je ne t'ai pas demandé de tourner un film sur nous, reste sur eux. C'est important, je veux des preuves de la présence du jeune. Sans preuve, je ne transmets pas les données, tu comprends ?

— J'ai compris, Marc.

— Par contre, ça veut dire que tu restes sur le bateau. C'est toi le capitaine. Ça te va ?

— Ça me va. C'est cool.

Il n'a pas hésité. Il ne va pas assister au passage des cachalots dans l'eau, avec les autres, mais la mission qui lui revient le rend heureux : cameraman, témoin, c'est une belle responsabilité pour une merveilleuse rencontre !

Marc et Rima plongent à leur tour, les cétacés ne sont plus qu'à une cinquantaine de mètres.

Sous la surface, les organismes se préparent. La visibilité est de quinze mètres. Bientôt ils apparaîtront. Bientôt, les géants seront là…

Une première forme sombre apparaît en surface. Elle se cambre puis descend à dix mètres.

Les plongeuses peinent à en saisir les contours tant elle est grande et ne ressemble à rien de connu. Le melon paraît cabossé et rien ne leur permet de dire si c'est le dos ou le ventre qui s'annonce. Les autres cachalots apparaissent à leur tour et plongent aussi, en toute sérénité. Quelques clics et codas, intenses, titillent la cage thoracique. Ils restent audibles mais se ressentent aussi, à présent.

Rima, Louise et Nosy sont aux anges, parcourues de légères vibrations. Impressionnées par la taille des créatures, elles s'émeuvent plus encore de leur grâce. Le premier cachalot glisse sous les baigneuses. Son dos sombre est interminable, parcouru de rayures et de cicatrices blanchâtres. Tsara, puisque c'est elle, a certainement vécu tant d'aventures…

Marc est redescendu à dix mètres. Il ne bouge plus et attend.

Un autre individu dépasse les filles en surface, et Louise a le temps de capter l'œil. Il est minuscule… Elle perçoit toutefois la lueur d'un regard, d'une intensité extraordinaire, et se crispe pour refréner un sanglot.

Arrive le reste du clan qui nage en formation serrée. Mélanie se distingue, plus foncée que les autres. Les quatre cachalots, plus courts que Tsara, avancent sous quinze mètres d'eau et se tiennent corps contre corps, regroupés comme pour cacher un joyau. Le groupe dépasse les amies restées en surface, avance sous Louise qui, saisie d'une pulsion irrépressible, se cambre et descend vers la grappe. Elle est bientôt comme mitraillée, bombardée par une série de clics inédite. Ça grince comme une grille de château, à toute vitesse. Elle cesse tout mouvement, surprise par la puissance du creak émis par l'une des quatre créatures. Tétanisée, la cage thoracique ébranlée, Louise aperçoit bientôt une bosse entre deux corps. Le plus proche s'écarte doucement, et la petite bosse s'anime, amorce un mouvement vers l'humaine. La plongeuse a juste le temps d'apercevoir l'œil du jeune cachalot qui replonge déjà au cœur de sa garde rapprochée. Puis ils disparaissent. Leur passage n'a duré que quelques secondes. Pour les humaines, cela a duré le temps d'une vie.

Elles restent dans l'eau, accrochées sans force à la pirogue, vidées par cette rencontre et bien incapables d'émettre le moindre son. Les larmes salées de Louise retournent à l'océan. Marc lui-même se tait en remontant sur l'embarcation. Seul Philippe, ivre de bonheur, filme encore et hurle à la grandeur du monde :

— Énorme, énorme, énorme ! J'ai vu un bébé, Marc ! Ils l'ont poussé pour qu'il respire en surface ! C'est dans la boîte, mec ! Énorme !

Il danse de plaisir et tortille des fesses, comme il le fait parfois. Marc sourit et lui reprend la caméra.

— C'est bon, ils sont déjà loin. Merci, c'était très utile. Les filles, on remonte, on rentre.

Elles se hissent piteusement puis se blottissent sous les serviettes. Leurs premiers regards sont encore absents, démunis et lointains, comme si elles avaient perdu quelque chose sous la surface. Mais c'est tout le contraire, elles ont gagné quelque chose, et ce quelque chose pousse sous la chaleur des serviettes. Et ce quelque chose trouve bientôt les mots pour se dire, ou tout au moins essayer de s'exprimer. La lumière regonfle les yeux, les sourires, les mains se tapent et les mots coulent enfin, libérés comme après la rupture d'un barrage.

Marc propose la manette du moteur à Rima, un cadeau supplémentaire.

— Tu vises la crête du piton rocheux, là-bas. Tu n'accélères pas, vitesse constante.

La nouvelle barreuse s'exécute, fière, tandis que Marc visionne le film, impassible. Il appuie sur pause et fait tourner la caméra.

Sur l'image arrêtée, un jeune cachalot au melon laiteux, noyé dans la masse des dos d'adultes, est poussé en surface pour respirer.

POSTS

Rima : On a nagé avec les cachalots !

Akeko : J'y crois pas… Ça devait être fou !

Rima : En fait, c'était calme et fabuleux. Incroyablement paisible.

Luigi : Tu dois te sentir si petit !

Louise : C'est tellement un autre monde qu'on ne pense même pas à se comparer.

Rima : Louise n'a pleuré que six fois !

Philippe : Et encore, c'était hors de l'eau. Pendant le passage des cachalots, je l'ai vue vider son masque plusieurs fois !

Louise : Vous êtes nuls !!!

Angeliz : Attends, j'aurais pleuré, moi aussi !

Nosy : Faut dire qu'il y avait six cachalots et un bébé.

Paul : Faut lui donner un nom !

Philippe : Paul, te revoilà ! On vous croyait momifiés au fond de la tourbière !

Paul : Arrête, c'était dur ! On y a laissé trois bottes et un sac à dos ! Mais ça en valait la peine. On a récolté des exuvies* de libellules, on confirmera après examen, mais je crois que c'est celles qu'on veut rencontrer. Faut donner un nom à votre bébé cachalot !

Philippe : Ha ha.

Luigi : Tu as parlé de calme, tout à l'heure. Pourquoi pas « Sereno » ? Ça veut dire « serein », en italien.

---

* L'exuvie est l'enveloppe de peau expulsée lors de la mue d'un insecte, d'une cigale ou d'une libellule par exemple, notamment lors de leur transformation de larve en insecte adulte.

Louise : Je trouve ça très beau, et ça lui va bien. Il s'est tourné vers moi et c'était si tendre.

Rima : Arrêtez de faire pleurer Louise !

Philippe : Super pour Sereno, merci Luigi ! Des nouvelles du fossa, les Malgaches ?

Luigi : Il nous fait toujours courir ! Des crottes, des traces et des odeurs, mais il ne nous a pas encore acceptés. On ne désespère pas, il reste une semaine...

11

Sérénité

Rima, Philippe et Louise se sont réveillés tard. Après l'habituelle eau de coco, ils rejoignent les parents sur la plage et s'assoient à leurs côtés.

La mère de Louise sourit, amusée.

— Que nous vaut l'honneur de votre présence, Loulou chérie ?

— Rien, on est calmes, c'est tout.

— C'était bien, hier ?

— T'imagines même pas…

Mère et fille se dévisagent tendrement, en silence. Puis Louise se lève, suivie de Rima. Elles avancent vers l'océan, y entrent jusqu'aux chevilles et discutent de choses et d'autres.

La matinée est douce. Les corps sont sereins. Les cerveaux sont repus, encore irrigués par les émotions de la veille.

Le déjeuner familial est joyeux. L'après-midi s'étire mollement entre bains, conversations et activités sous la paillote de l'hôtel. Philippe ne cesse de fixer ses souvenirs sur le papier. Rima discute en ligne par intermittence, recherche des articles sur la vie des jeunes cétacés et sur le clan de Tsara, les transmet à Louise pour une lecture collective.

Le crépuscule les saisit sur la colline qui domine l'îlet Paille-en-Queue. Le point de vue ouvre l'espace visible sur le large, où ils vivaient hier l'un des moments les plus intenses de leur vie, au milieu des cachalots.

Le lendemain matin, il fait beau. Il reste trois jours de vacances, deux si l'on écarte celui du départ.

Après la rencontre du clan et la journée molle de la veille, récupération nécessaire suite à l'augmentation gigantesque de leur monde, le trio se sent désœuvré.

Rima : Alors ce koala ?

Angeliz : On en a rencontré un hier, en train de boulotter des feuilles dans un arbuste !

Rima : Cool ! Il doit être mignon !

Angeliz : C'est trop drôle, il ne semble pas si sympa que ça ! On n'est pas restés longtemps, il nous a grogné dessus.

Clara : C'est une forme de rencontre, aussi !

Angeliz : C'est ce qu'on s'est dit. Il voulait être tranquille, on est partis avant de gâcher son repas ! On est tombés sur le grincheux de la bande !

Clara : C'est chouette de réagir comme ça, la rencontre c'est avant tout le choix de l'autre.

Rima : Je vous admire, ça m'aurait frustrée je crois !

Angeliz : Bien sûr que non, la question ne se pose même pas pour moi, tu respectes ce koala et c'est tout. Et puis on l'a trop bien vu, chez lui, à mâcher ses feuilles, c'était génial !

12

Sereno

À quatorze heures, le trio squatte toujours les transats de la paillote.

— J'espère qu'il nous enverra ton film, Phil !

— Ben oui, il me l'a promis.

— Des fois, les promesses…

— J'ai confiance en Marc. Il faut juste attendre la confirmation des spécialistes pour diffuser les images. N'oublie pas qu'il a dit qu'il nous inscrivait comme co-observateurs !

Soudain, Philippe se fige.

— Nosy !

Il montre du doigt leur amie qui approche en courant. Elle déboule comme une furie sous la paillote et se pose près de Rima, haletante.

— Qu'est-ce qui se passe, Nosy ?

Elle tarde à reprendre son souffle, ce qui inquiète ses amis.

— Rien de grave ?

Elle sourit.

— Non, rien… C'est juste… C'est juste que mon père a reçu un appel… Le clan de Tsara se dirige vers l'entrée du canal !

Silence.

Puis c'est l'explosion. Tous se lèvent et s'agitent, tel une nuée de moineaux.

— Je vais chercher les palmes au conteneur.

Nosy attrape le poignet de Rima.

— Viens, on va préparer la pirogue !

— Prends les gilets de sauvetage, Louise !

— J'ai pas douze bras ! Viens avec moi, Phil !

Il la rattrape en courant et hérite de tout le matériel.

— Je vais prévenir mes parents qu'on prend la pirogue ! À tout de suite !

Le quatuor embarque un quart d'heure plus tard. La configuration de l'équipage est la même que lors de leur première sortie : Rima, Louise, Philippe et Nosy, dans l'ordre.

Le lagon est tranquille et la pirogue s'échoue rapidement sur le sable de la plage de l'îlet Paille-en-Queue.

Juchés au sommet du rocher, ils fixent l'océan, à l'œil nu et aux jumelles.

— Là !

Rima pointe du doigt un point en amont du canal, vers le large.

— Je crois que c'est eux ! Ils sont nombreux et les souffles semblent penchés !

Les jumelles passent de main en main et chacun confirme : le clan de Tsara entre dans le canal !

La trajectoire des cachalots est estimée, puis tracée sur papier. Philippe dessine aussi les contours de l'îlet, la ligne du récif corallien et l'emplacement de la passe. Rima reste aux jumelles et surveille l'avancée des cétacés. Louise trépigne tandis que les autres envisagent la traversée.

— En sortant de la passe avec cet angle, on les croisera à la perpendiculaire. C'est jouable ?

Nosy hésite, puis acquiesce.

— Faut voir le courant en sortie de passe, mais s'ils avancent droit, ça le fera je crois. Faudra ramer mais on y sera à temps.

Philippe trace encore une ou deux lignes, pour fixer l'angle de sortie nécessaire au croisement des cachalots, et il positionne quelques repères visuels : arbre, maison, antenne.

Louise pouffe.

— On dirait que vous préparez le lancement d'un satellite !

— C'est la même chose ! Le satellite, c'est nous, et on a rendez-vous avec un formidable astéroïde, dans l'infini fabuleux de l'espace !

Les filles rient et Rima annonce le départ :

— T'emballe pas, Philippe, reste avec nous ! Ils avancent vite, faut y aller pour pas les rater !

Tous les quatre dévalent le rocher, sautent dans la pirogue et foncent vers la passe. Le courant y est toujours aussi violent et pour la seconde fois, le frêle esquif vibre, happé à grande vitesse. Mais cette fois-ci, l'équipage est rodé et se réjouit de cette force qui l'entraîne au large, à une vitesse très supérieure à celle obtenue par la seule agitation des petites pagaies de bois dans l'eau.

Le courant faiblit peu à peu et les rameuses prennent le relais. Rima jauge régulièrement la trajectoire des cachalots aux jumelles, tandis que Philippe surveille celle de leur embarcation.

— Corrige un peu à droite, Nosy, conseille-t-il.

Elle s'exécute et, d'un coup de pagaie expert, renvoie la pirogue sur la bonne trajectoire.

— Ça va, c'est bon, on est corrects.

Le silence est de mise, l'effort constant, et la pirogue volontaire fend le canal.

Nosy cesse bientôt de ramer, invite sa première pagaie à l'imiter et interroge Philippe :

— Pour moi, on entre dans la zone d'intersection. T'en penses quoi ?

Il tourne la tête vers la côte, prend ses repères et regarde son croquis.

— Ça ne me semble pas trop mal… On peut rester là et attendre qu'ils approchent pour affiner notre position. Rima, ils viennent toujours sur nous, comme prévu ?

Elle prend les jumelles et confirme la trajectoire, avec un léger bémol.

— Ils arrivent, mais on dirait qu'ils vont passer un peu plus loin…

— OK, on avance. Louise, tu peux ramer deux minutes ? demande Nosy.

La pirogue se remet en mouvement.

— On est pile devant eux, ils viennent droit sur nous, annonce Rima.

Huit minutes plus tard, les jets sont nets ; il est temps de se mettre à l'eau. L'étroitesse de la pirogue rend la manœuvre délicate. Louise glisse la première dans l'océan, côté balancier pour ne pas déséquilibrer le bateau. Elle enfile ses palmes et crache dans son masque. Elle est bientôt suivie par Philippe. Rima surveille les cachalots qui ne sont plus qu'à soixante-dix mètres. Soudain, elle crie :

— Y a Bouée qui sort la tête de l'eau ! Elle regarde au-dessus de la surface ! C'est trop cool, on voit trop bien son melon ! Elle doit nous voir !

— Les cachalots ne voient rien hors de l'eau !

— Pourquoi elle sort la tête, alors ? Je vois son œil aux jumelles !

— Je ne sais pas… Mais peut-être qu'elle te regarde, après tout. Peut-être que Bouée a une meilleure vue que les autres ! Ou qu'elle est plus curieuse…

Louise remonte d'une première plongée et informe, hilare :

— Hé, ça clique à mort ! C'est génial !

— OK. Vas-y Rima, à ton tour, dit Nosy.

Rima rejoint les autres et s'accroche au balancier. Nosy conduit mollement la pirogue pour l'amener au point de passage du clan. Quarante mètres. La position est parfaite, l'eau limpide… Trente mètres. Le courant est presque inexistant, la pirogue dérivera peu : Nosy pose sa pagaie et plonge à son tour.

Tsara apparaît la première. Elle plonge à dix mètres comme la dernière fois, mais tourne bientôt sur elle-même, offrant son ventre à la vue des jeunes plongeurs. Surgissent ensuite Crochette et Calmar, à faible vitesse. Philippe plonge et accompagne la femelle à la nageoire tordue sur quelques mètres, de sa nage préférée. Ses deux jambes palmées fouettent l'eau dans un même mouvement comme s'il avait une nageoire caudale, lui aussi. Rima pousse des cris de joie étouffés au passage de Calmar. Son dos sillonné de cicatrices blanchâtres ajoute encore au charisme du jeune mâle et impressionne. Mélanie et Lina ondulent, dix mètres sous les filles. C'est enfin au tour de Sereno d'apparaître, blotti contre le ventre de Bouée. Les clics s'enchaînent, puis deux creaks distincts, d'intensités différentes,

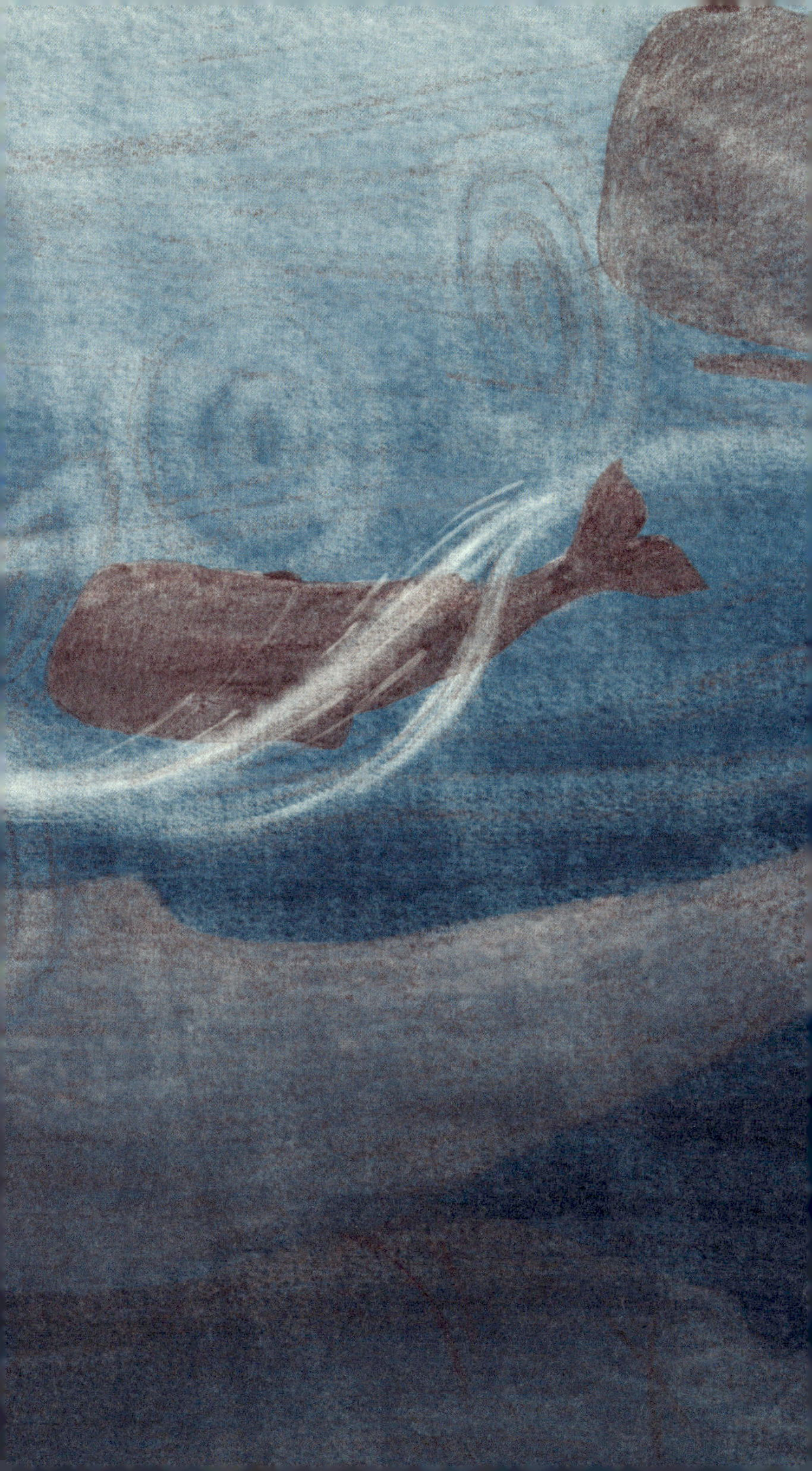

mitraillent Louise, qui se crispe. Nosy rejoint doucement Rima, qui assiste sidérée au spectacle.

Soudain, le petit se décolle du ventre de l'adulte et se dirige vers Louise, remontée respirer en surface. Lorsqu'elle redescend, elle est ébranlée par un nouveau creak, émis par le jeune cachalot qui se dirige vers elle. Elle tremble de tous ses membres, la cage thoracique vibrante, les bras ouverts tels des ailes, et reçoit la visite du jeune curieux. Il reste là, le melon à deux mètres de son visage, le corps joyeux et si différent du sien. Il amorce une vrille, tourne sur lui-même et, revenu à sa position de départ, capte le regard de l'humaine. Immédiatement elle répond, et tourne aussi sur elle-même. Sereno semble apprécier puisqu'il repart pour un tour. Rima esquisse un mouvement pour rejoindre le duo, mais Nosy lui saisit doucement le poignet. Elle comprend alors que cela se passe entre Sereno et Louise. Qu'un cachalot ne cherche pas une humaine, mais que le jeune Sereno cherche la jeune Louise. C'est elle qui l'intéresse. C'est envers elle qu'il manifeste de la curiosité. C'est elle qu'il souhaite rencontrer.

Louise danse avec Sereno, sans le toucher, Sereno avec Louise, sans la toucher, au milieu du canal. Le voilà qui se tient à la verticale, en face d'elle, le melon blanchi par les rayons du soleil. Puis il se remet en position presque horizontale, accompagné par l'humaine qui se cambre et épouse son mouvement, en miroir. Encore une autre vrille, avant le retour de Bouée auprès du petit. Subjugués qu'ils sont par le spectacle ahurissant qui se joue ici, ils ne l'ont pas vue approcher. Sa belle taille rappelle la jeunesse de Sereno. Elle émet un creak puis récupère l'immature, qui rompt immédiatement la danse. Le tandem disparaît aussitôt, laissant les quatre humains pantois, hagards même, ballottés par le léger clapotis de surface.

Philippe et Nosy reviennent au monde en premier et filent vers la pirogue qui n'a que peu dérivé. Lorsqu'ils récupèrent Rima et Louise, leurs quatre regards se croisent enfin… Pas de mot, pas de pleurs, pas de tapages de main, pas de danse de fesses, juste un sourire. Un sourire comme ils n'en échangeront sans doute plus de leur vie, tant ce moment est unique, exceptionnel, tant il appartient à l'eau, à l'océan, à la profondeur, aux cachalots et à la Planète bleue dans tout ce qu'elle a de plus précieux.

Épilogue

— Ne sois pas bête, Phil, enlève la dent de ta valise… insiste Louise.

— C'est vrai, tu vas finir en taule, imbécile ! s'agace Rima.

— Ça fait deux heures qu'on te dit que c'est interdit ! C'est de l'ivoire d'espèce protégée, t'as pas le droit de l'emporter, c'est directement la prison !

— Et les parents de Louise avec, bonjour la reconnaissance !

— Mais arrêtez, n'importe quoi, ça se vend sur Internet !

— C'est pas pareil, Phil, ce sont de vieilles dents gravées, avec dérogation.

— Ben la mienne aussi, elle est « dérogée ».

— C'est pas possible d'être borné comme ça !

— Donne-la à Nosy, Phil !

— Tu passes ton temps à lui chercher des hommages et tu ne veux même pas lui donner ta pauvre dent !

— Ce n'est pas une pauvre dent, et t'en sais quelque chose !

— Je sais, bien sûr, mais donne-la à Nosy, elle aura un souvenir de toi…

— De toi et de tout ce qu'on a vécu…

— Et moi, j'aurai quel souvenir d'elle, si je lui donne la dent ?

Silence.

— C'est donc ça… On est mal barrées…

Silence.

— Phil, on quitte l'île dans trois heures, cours voir Nosy et allez reposer la dent dans l'eau, tous les deux, propose Louise. C'est sa place, dans l'océan, c'est là qu'elle a poussé, dans la bouche d'un grand cachalot.

Silence.

Philippe déroule la serviette qui protégeait la dent, la jauge, puis quitte le bungalow à vive allure.

Deux mois plus tard

Le soleil matinal allume la Méditerranée et annonce une merveilleuse journée. L'air est encore frais sur la côte et le bateau flotte, immobile sur une mer d'huile. Trois collégiens empruntent la passerelle qui mène au pont du navire et rencontrent François Sarano, océanographe, plongeur professionnel et spécialiste des cachalots. Ami et défenseur des créatures marines de ce monde, il reçoit aujourd'hui Rima, Philippe et Louise, qui ont tant de questions à lui poser !

Louise : On a découvert Sereno, le jeune cachalot, j'en ai encore des frissons ! Mais on a aussi fait connaissance avec le clan de Tsara : Mélanie, Lina, Bouée, Crochette, Calmar… et Tsara, bien sûr ! Il n'y a que des femelles et des jeunes ! Est-ce que les clans sont toujours des clans de filles ?

François SARANO : Parmi tous les cétacés (les dauphins, les baleines, les globicéphales), les cachalots sont des originaux ! Les grands-mères, les mères et tous les jeunes immatures, femelles et mâles, restent ensemble. Ils forment un clan. Et ce clan de cachalots est une société matriarcale… Ce sont les femelles adultes qui le guident et l'organisent. Elles transmettent la « culture » du clan aux jeunes – bien que l'on découvre aujourd'hui que les grands mâles, qui ne sont présents que quelques semaines par an, semblent également « enseigner » aux jeunes mâles adolescents. Chaque clan est également une société matrilinéaire : tous les membres qui le constituent ont la même lointaine arrière-arrière-grand-mère.

À la fin de l'adolescence, entre 8 et 15 ans (c'est différent pour chaque jeune), les mâles quittent leur clan maternel, qui va rester dans les eaux tropicales tièdes. Ils n'y reviendront plus. Ils migrent vers les eaux froides et riches subarctiques et subantarctiques. Là, ils grossissent en se gavant de calmars et de poissons jusqu'à devenir de grands adultes. Alors seulement, vers l'âge de 25 ans, ils reviendront dans les eaux tropicales pour rencontrer d'autres clans que celui dont ils sont issus. Il semble qu'ils soient assez fidèles à leurs nouveaux clans, peut-être même à certaines femelles – ou peut-être que ce sont plutôt certaines femelles qui choisissent de s'accoupler avec le même mâle… Mystère, mystère. On sait bien peu de choses sur la reproduction et les couples de cachalots !

Rima : Sous l'eau, lorsqu'on plongeait avec les cachalots, on les entendait parler. Ça cliquait de partout. Il y avait des clics, des codas, des creaks… Louise nous a lu des articles là-dessus, Nosy nous a trop bien guidés, on a compris des choses en nageant avec les cétacés, mais on ne sait pas exactement ce qu'ils se disaient… Est-ce que leur langue peut être traduite ?

François SARANO : Là encore, mystère ! Personne ne saura jamais ce qu'ils se disent, parce que leur « langage », si l'on peut appeler cela un langage, n'a rien à voir avec le nôtre :

pas de mots, de phrases, de paragraphes, pas de chiffres non plus... Ils utilisent des expressions sonores complexes, structurées – par exemple la fameuse coda à 8 clics, « clic-clic==clic--clic --clic--clic--clic--clic ». Mais c'est intraduisible dans notre mode de pensée, avec nos mots, parce que les cachalots ne vivent pas dans le même monde que nous, parce qu'ils n'ont pas les mêmes « sens » que nous, parce qu'ils n'ont pas les mêmes objectifs que nous. En revanche, nous pouvons associer ces expressions sonores à des comportements. Chaque clan semble utiliser des expressions qui lui sont propres, chaque clan a sa propre culture vocale. Par exemple, quand un cachalot interpelle un autre cachalot en utilisant cette coda à 8 clics et que le cachalot interpellé répond, ils se rapprochent et se caressent. Mais on ne peut pas pour autant traduire cela par « je veux des caresses ». Il s'agit peut-être d'un signal hiérarchique, ou de l'apaisement d'une dispute, ou de tout autre chose que nous ne pouvons pas imaginer, car nous ne sommes pas et ne serons jamais cachalots. Pour faire une comparaison, c'est un peu comme la musique. Elle est extrêmement structurée, codifiée, complexe. Elle exprime et suscite des émotions, elle peut donner des signaux, des informations très précises. Pourtant, elle est intraduisible en mots et en phrases.

Il faut garder en mémoire que les cachalots n'ont pas du tout comme nous des « objectifs de vie », un emploi du temps à suivre. Ils sont à la recherche du mieux-être dans l'instant. Ils n'ont pas besoin d'un langage comme le nôtre, nécessaire dans une société où l'on fabrique et où l'on échange des objets parfois très compliqués, où l'on accumule et compte des biens. Les cachalots communiquent beaucoup par des caresses. Quand on recherche le bien-être immédiat, une caresse est beaucoup plus efficace et dit bien des choses qu'aucun mot ne dira jamais.

Philippe : Ce n'est pas si facile de se mettre à leur place pour essayer de ressentir et d'imaginer ce qu'ils ressentent, pensent ou racontent. Ils sont tellement différents de nous. Et puis l'océan, c'est un truc de dingue ! En nageant avec les cachalots, on a remarqué qu'eux aussi

étaient curieux, qu'ils se posaient des questions sur nous ! Est-ce vraiment le cas ?

François SARANO : Je ne sais pas s'ils se « posent des questions ». Mais ils s'intéressent à d'autres choses que ce qui est strictement nécessaire à leur survie. Ils explorent le monde qui les entoure. Certains sont extrêmement curieux. Ils viennent nous voir, tournent longtemps autour de nous. Ils nous interpellent par des attitudes, des comportements : en se mettant sur le dos et en offrant leur ventre, en pirouettant sur eux-mêmes et, bien sûr, en nous interpellant avec leurs codas singulières. Certains comme Eliot, le jeune mâle adolescent que je retrouve chaque année à l'île Maurice depuis dix ans, sont particulièrement curieux. Un jour, il m'a approché et il est resté pendant dix minutes à danser autour de moi, à m'effleurer en m'interpellant avec ses codas à 8 clics. Dix minutes, pour un animal sauvage, c'est très long. S'il est resté aussi longtemps, c'est qu'il était bien. S'il avait été mal, il serait parti. Il avait tout l'océan pour lui. Rien ne le contraignait. Il est venu et est resté de son plein gré, sans attendre ni nourriture ni protection :

simplement par curiosité. C'était lui le maître du jeu, lui qui « m'étudiait », lui qui souhaitait entrer en relation avec moi... C'est lui qui souhaitait m'apprivoiser. C'est effectivement très troublant. Mais je ne sais pas s'il se posait des questions sur moi ! Il faudrait être Eliot pour répondre à cette question.

Louise : Est-ce qu'on peut approcher les cachalots sans leur nuire ? Je veux dire, est-ce qu'il est possible de les rencontrer sans les brusquer, sans les saouler avec nos bateaux, par nos approches, tout ça... On voit bien le dérangement que l'on peut causer, mais des rencontres aussi merveilleuses que celle-là, j'en souhaite au monde entier !

François SARANO : Belle question, Louise ! On n'approche pas les cachalots. Ce sont les cachalots qui nous approchent. Ce sont les cachalots qui décident de la rencontre, qui nous offrent une « audience ». Sans cela, il n'y a pas de rencontre ! La rencontre n'est authentique et belle que si elle est choisie et consentie par les deux partenaires. Elle ne peut se faire que si nous, les humains, restons à notre place, respectueux, humbles, à l'écoute. Dans le cas contraire, ce n'est pas une rencontre, c'est une agression. Le harcèlement des bateaux est parfois d'une violence détestable dont personne ne sort heureux. Car les cachalots effrayés fuient et celui qui les regarde fuir, non seulement ne les comprend pas, mais ne peut pas les connaître. Car, pour « Co-naître* » il faut véritablement vivre avec eux, tisser des liens, s'apprivoiser, offrir du bien-être à l'autre.

Rima : Philippe a tourné un film, sur le bateau du père de Nosy. Je ne pense pas qu'il obtiendra la Palme d'or ! On a aussi regardé plein de vidéos sous-marines. C'est vraiment important de filmer les cachalots ? Ça aide à les comprendre ?

François SARANO : Quand on a la chance d'être accepté par les cachalots, des animaux sauvages libres, l'émotion est si intense qu'elle

* Connaître ne vient pas du mot « naître », mais du latin « cognoscere ». Mais j'aime ce néologisme, ce mot inventé qui rappelle que pour bien « connaître », il faudrait naître et vivre avec celui que l'on souhaite comprendre.

te submerge, et je crois qu'il faut la vivre pleinement, sans retenue. Il est alors bien difficile de prêter attention à tout ce qui se passe. Les comportements sont complexes et on ne les déchiffre pas toujours, surtout lorsqu'il y a une dizaine de cachalots. Mieux qu'une photo fixe, le film qui présente les cachalots en mouvement met en avant les détails caractéristiques qui serviront pour les cartes d'identité individuelles. Enfin, comment retenir les échanges sonores, comment les attribuer à l'un ou l'autre des individus ? C'est pour cela que, nous aussi, nous filmons et enregistrons toutes nos immersions aux côtés des cétacés. Puis, de retour au bureau, nous visionnons ce que nous avons vécu. Nous pouvons suivre image par image l'un ou l'autre des cachalots, revenir en arrière pour comprendre un comportement qui nous aurait échappé à la première lecture… Nous pouvons décoder et comparer les enregistrements sonores pour tenter de les associer à des comportements. Aujourd'hui, rien qu'en écoutant les enregistrements de leurs clics, nous pouvons reconnaître les individus. Nous pouvons même dire sans voir la vidéo quel âge avait tel ou tel jeune, c'est-à-dire l'année où l'enregistrement a été réalisé !

Mieux, nous pouvons revivre une rencontre qui s'est déroulée il y a plusieurs années, et comprendre des choses que nous ne pouvions comprendre à l'époque, car nous n'avions alors pas les connaissances nécessaires. Et mieux encore, nous pouvons voir grandir les jeunes, voir s'affirmer leur personnalité, voir se nouer entre les uns et les autres de nouvelles affinités, voir évoluer leurs relations sociales… et ainsi, année après année, raconter leur histoire ! Car les cachalots, comme nous, ont une histoire personnelle, propre, unique. C'est ainsi que nous mesurons leur singularité. Alors oui, la vidéo est un atout formidable et c'est notre premier outil de travail. Mais le plus important, c'est l'acceptation des cachalots ! Il ne faut jamais oublier qu'aucun outil ne permettra de comprendre des animaux sans qu'ils vous aient d'abord acceptés. Alors je dirais qu'avant l'outil vidéo, l'important est d'avoir de la considération, de l'attention, du respect et de la discrétion.

Philippe : Vous aimiez déjà les cachalots, petit, ou bien c'est votre engagement à bord de la *Calypso* et votre rencontre avec eux qui ont déclenché cette passion et cet amour ?

François SARANO : Enfant, je ne connaissais les cachalots qu'à travers mes lectures : *Moby Dick* de Herman Melville et *Le Cimetière des cachalots* de Ian Cameron. C'était l'aventure qui m'enthousiasmait, les tempêtes, les marins. Les cachalots n'étaient que des comparses. À bord de la *Calypso*, nous n'avons pas eu vraiment l'occasion de nous intéresser aux grands cétacés. La chasse aux baleines et aux cachalots venait à peine de s'achever. Les survivants du grand massacre fuyaient les bateaux et les hommes. Avec mon épouse Véronique et nos filles, Marion et Maud, nous avons quelques fois rencontré des cachalots furtifs en Méditerranée. Pas assez longtemps pour que je puisse les découvrir.

C'est mon ami, le cameraman René Heuzey, qui m'a fait rencontrer les cachalots à l'île Maurice. Là, j'ai compris tout de suite que, parmi tous les animaux marins, les cachalots étaient extraordinaires : à la fois majestueux, titanesques et délicats. Et lors de ma première plongée, le jeune mâle Eliot (il n'avait évidemment pas de nom à cette époque, je ne l'ai baptisé que plus tard) est venu vers moi. Il m'a gentiment, très doucement poussé de son énorme tête, comme un gros chien qui veut une caresse. Il est resté contre moi et s'est mis sur le dos pour m'offrir son ventre – je crois qu'il voulait une caresse. Dans tous les cas, il était très curieux et semblait vraiment être bien (un animal sauvage ne reste pas s'il n'est pas bien !). Je ne l'ai pas caressé, car j'ai pour règle de ne pas porter la main sur les animaux sauvages. Ils ne m'appartiennent pas ! Je ne veux pas les toucher, les caresser, m'accrocher à eux, par respect pour leur indépendance sauvage. Je ne veux pas, par un geste maladroit, rabaisser ces animaux libres au rayon des jouets pour satisfaire mes caprices. Ils ne sont pas à notre service. Considération, égard, respect nous permettent de les retrouver avec le même bonheur depuis maintenant près de dix ans.

SUR LES TRACES

Texte de Gwenaël David,
illustrations de Léa Roch

Une même fascination pour la faune à préserver réunit des adolescents des quatre coins du globe. En ligne, ils échangent, débattent, planifient leurs aventures. Conscients que l'avenir de la planète réside dans un dialogue avec les autres êtres vivants, tous souhaitent partir à la rencontre des animaux sauvages qui la peuplent encore. Alors ils s'organisent en petits groupes, persuadent les adultes de leur laisser tenter cette échappée, quitte à contourner les interdits… puis s'élancent en territoire inconnu : sur les traces d'un animal dans son milieu naturel.

Chaque tome de la série « Sur les traces » est le fruit d'une collaboration entre l'auteur Gwenaël David et un spécialiste auteur de la collection « Mondes Sauvages », chez Actes Sud. Celui-ci ou celle-ci éclaire de son expérience et de ses rencontres avec l'animal concerné non seulement l'histoire racontée, mais aussi les illustrations de Léa Roch qui l'accompagnent.

DÉJÀ PARU :

TALA LE CHIMPANZÉ

À Pointe-Verte, au nord du Congo-Brazzaville, Philippe, Rima, Louise et John s'enfoncent, indice après indice, dans la forêt pluviale… sur la piste d'un chimpanzé discret mais facétieux.

Avec le regard et les conseils scientifiques de Sabrina Krief, professeure au Museum national d'histoire naturelle.

Dans le prochain tome, Philippe, Rima et Louise partiront sur les traces du mergule nain, un oiseau marin de l'Arctique.

GWENAËL DAVID

Gwenaël David a grandi à Madagascar, où vivent quantité d'animaux incroyables, comme les lémuriens et les caméléons. Enfant, il partait sur leurs traces : il a pisté le fossa dans les rizières et progressé en apnée à force d'observer les poissons. À l'adolescence, il a aussi un peu arpenté la brousse congolaise… Aujourd'hui, ce qu'il préfère, ce sont les tourbières. Dès qu'il le peut, Gwenaël David observe les libellules, notamment dans le Jura, où il vit. Il les photographie et collecte leurs exuvies afin de mieux les comprendre.

Pour écrire *Sereno, le cachalot,* Gwenaël David s'est inspiré du *Retour de Moby Dick*, de François Sarano.

LÉA ROCH

Léa Roch a grandi en Haute-Savoie, dans une maison avec un grand jardin, tout près d'une forêt où elle partait à l'aventure. Elle a toujours dessiné. D'abord et pendant longtemps, elle ne croquait que ce qui sortait de son imagination. Puis, petit à petit, le réel s'est invité dans ses illustrations. Elle aime imiter la nature. Dans *Sereno, le cachalot*, elle a pris plaisir à créer une ambiance sous-marine, en captant la lumière et en représentant les clics. Son instinct la pousse aussi vers le monde animal. Elle aime reproduire les pelages, les plumes, les écailles... Les univers encore non explorés, comme les abysses, l'inspirent particulièrement.

FRANÇOIS SARANO

François Sarano a été plongeur sur la *Calypso*, le navire océanographique du commandant Cousteau. Docteur en océanographie, il est l'auteur de nombreux livres sur les océans.
Dans *Le Retour de Moby Dick*, il invite les lecteurs à plonger au milieu des cachalots, ces géants des profondeurs aux aptitudes exceptionnelles.

Collection Mondes Sauvages –
Pour une nouvelle alliance :

À retrouver sur le site www.actes-sud.fr

LES GRANDS CACHALOTS

CLASSE : Mammifères

ORDRE : Odontocètes*

FAMILLE : Physétéridés

TAILLE ET POIDS : jusqu'à 12 mètres et 15 tonnes pour les femelles, jusqu'à 20 mètres et 50 tonnes pour les mâles… et déjà 3,5 mètres et 450 kilos à la naissance !

GESTATION : de 14 à 16 mois, selon la littérature scientifique… mais des observations plus récentes laissent penser que ce serait plutôt 10 mois.

APNÉE : jusqu'à 1 heure 30, et jusqu'à plus de 2 kilomètres de profondeur.

GENRE : *Physeter*

ESPÈCE : *Macrocephalus*.

DURÉE DE VIE : de 80 à 100 ans, peut-être plus.

RÉGIME ALIMENTAIRE : calmars (et parfois des poulpes), et dans certaines régions du monde, poissons, raies et requins. Ils passent environ 16 heures par jour à chasser.

HABITAT NATUREL : presque tous les océans et mers du globe, mais seuls les grands mâles s'aventurent parfois dans les eaux froides des pôles.

CLASSIFICATION UICN** : Vulnérables.

---

* Cétacés à dents.

* Dans la liste rouge de l'Union internationale pour la conservation de la nature, les espèces menacées d'extinction sont classées en trois catégories : « en danger critique », « en danger » et « vulnérables ».

Note graphique

Les dauphins qui accompagnent les bateaux se positionnent d'habitude plutôt près de la proue, à l'avant. Pour le plaisir des yeux, l'illustratrice a pris la liberté de les répartir tout autour de la pirogue de Nosy, Philippe, Rima et Louise.

Pour nous contacter :
hélium
62 avenue de Saxe – 75015 Paris
info@helium-edition.fr
Rendez-vous sur notre site :
helium-editions.fr
Pour envoyer votre projet de roman :
manuscritsfiction@helium-editions.fr

Diffusion Actes Sud
Imprimé en Italie
en octobre 2022
par D'Auria Printing
Dépôt légal : mars 2023